问吧

WEN BA

姜湧 由兴波 徐凤 撰写

6

有关中国传统文化的101个趣味问题

中华书局

图书在版编目（CIP）数据

问吧 6，有关中国传统文化的 101 个趣味问题／姜湧，由兴波，徐凤撰写. —北京：中华书局，2008.11（2012.5 重印）

ISBN 978 - 7 - 101- 06351 - 6

Ⅰ.问… Ⅱ.①姜…②由…③徐… Ⅲ.传统文化—中国—通俗读物 Ⅳ.G12-49

中国版本图书馆 CIP 数据核字（2008）第 160526 号

书　　名　问吧 6——有关中国传统文化的 101 个趣味问题
撰 写 者　姜　湧　由兴波　徐　凤
责任编辑　刘胜利
出版发行　中华书局
　　　　　（北京市丰台区太平桥西里 38 号 100073）
　　　　　http://www.zhbc.com.cn
　　　　　E-mail:zhbc@zhbc.com.cn
印　　刷　北京天来印务有限公司
版　　次　2008 年 11 月北京第 1 版
　　　　　2012 年 5 月北京第 4 次印刷
规　　格　开本 /700×1000 毫米　1/16
　　　　　印张 13½　插页 2　字数 100 千字
印　　数　19001-25000 册
国际书号　ISBN 978 - 7 - 101- 06351 - 6
定　　价　25.00 元

目 录

1 为什么用"花架子"来形容中看不中用的东西? ·········· **1**

　　知识链接:为什么把中看不中用叫"银样镴枪头"?

2 为什么形容女子有才学称"咏絮之才"? ·········· **2**

　　知识链接:为什么用"出水芙蓉"形容女子美貌?

3 "花名册"明明是清点姓名的,为什么叫"花"名册? 同花有

　关系吗? ·········· **5**

　　知识链接:"黑名单"一词是怎么来的?

4 戏曲中的术语"叫板"怎么就发展成现代汉语中"挑战"的

　意思呢? ·········· **6**

　　知识链接:"有板有眼"最初是指什么?

5 为什么说"病入膏肓"就是指病得很厉害呢? ·········· **8**

　　知识链接:民间"走百病"的来历

6 结婚为什么要"拜天地"? ·········· **10**

　　知识链接:"青梅竹马"怎么会与爱情有关?

7 王母娘娘同玉皇大帝是夫妻吗? ·········· **12**

　　知识链接:玉皇大帝是掌管仙界和人间一切的主宰吗?

8 酒店门口放置的"水牌"有什么作用? ·········· **15**

　　知识链接:门神的来历

9 男左女右这种习惯是怎么形成的呢? ·········· **18**

　　知识链接:夫妻之间为什么称"丈夫""妻子"?

10 人们常用"凤毛麟角"比喻稀缺的东西,真的有"凤毛"和

　"麟角"吗? ·········· **20**

　　知识链接:"凤凰"是雌的还是雄的?

　　知识链接:故宫中九龙壁是用什么雕成的?

11 女子为什么戴耳坠？ ……………………………… **23**

　　知识链接：女孩子"及笄"是多大年纪？

12 "五服"是指什么？ ……………………………… **26**

　　知识链接：有人去世了，为什么要送花圈呢？

13 很多城市里现在都保存有城隍庙，"城隍"有什么含义？ …… **28**

　　知识链接："寒食节"为什么不允许生火做饭？

14 过年为什么要放鞭炮？ …………………………… **30**

　　知识链接：为什么春节要相互拜年呢？

15 "寿星"这一称呼是怎么来的？ …………………… **31**

　　知识链接：祝寿为什么要送寿桃？

16 小孩满一周岁时为什么要"抓周"？ ……………… **34**

　　知识链接：满族人为什么把母亲称"额娘"？

17 "唐装"是唐朝人的服装吗？ ……………………… **36**

　　知识链接："苏绣"为什么天下闻名？

18 "满汉全席"分哪些类型？用途都是一样的吗？ …… **39**

　　知识链接：中国的八大菜系是怎么形成的？

19 养生粥"粥公粥婆"是怎么来的？ ………………… **41**

　　知识链接："小吃"到底指哪些食物？

20 "叫化鸡"同乞丐有什么关联吗？ ………………… **43**

　　知识链接："曹操鸡"是怎么得名的？

21 火锅是怎样发展来的呢？ ………………………… **45**

　　知识链接："麻婆豆腐"是什么样的豆腐？

22 "佛跳墙"怎么成菜名了？ ………………………… **47**

　　知识链接："京八件"都指哪八样食品？

23 "太师椅"是专供太师坐的吗？从什么时候开始有这个名

　　字的？ …………………………………………… **49**

　　知识链接："八仙桌"是怎么来的？

24 贴春联将"福"字倒贴，有什么讲究吗？ ………… **51**

　　知识链接：中国结的来历

25 本命年为什么要戴红？ …………………………… **54**

　　知识链接：本命年是怎么来的？

26 打败仗为什么叫"败北"？它与北方有关系吗？ ……… **55**

知识链接:在中国"东西南北"除了方位之外,是怎样表示
尊卑关系的?

27 经常在影视剧中看到县太爷审案时拍惊堂木,除了县太爷
外,还有什么人可以使用惊堂木? ……………………… **57**

知识链接:古代说书人表演时依据的文字底本,为什么叫做
"话本"?

28 "禅让"是指什么?与和尚有关吗? ……………………… **59**

知识链接:为什么鲧治水失败而大禹却成功了?

29 古代处决犯人为什么要"秋后问斩"? ……………………… **61**

知识链接:中国古代执行死刑除了斩首之外,还有哪些方式?

30 "凌迟"是一种什么样的刑罚? ……………………… **63**

知识链接:"宫刑"是什么样的刑罚?

31 中国古代有女将军吗? ……………………… **65**

知识链接:古代皇宫中除了妃子、宫女之外,还有女官吗?

32 "皇帝"这一名称是怎么确定的? ……………………… **67**

知识链接:皇帝的正妻称"皇后",这一名称是怎么确定的呢?

33 唐玄宗为什么又称"唐明皇"? ……………………… **69**

知识链接:杨贵妃为什么又叫"太真"?

34 为什么形容形势危急时说"四面楚歌"? ……………………… **71**

知识链接:为什么"鸿门宴"不可轻赴?

35 为什么用"两袖清风"来比喻官员清正廉洁? ……………………… **73**

知识链接:"要留清白在人间"的于谦为什么受后人尊敬?

36 "吴带当风"与"曹衣出水"是指什么?同服装有关吗? ……… **74**

知识链接:"国画"是指什么画?它是如何发展的?

37 "丞相""宰相"是一个官吗? ……………………… **77**

知识链接:知府、知州谁的官职大?

38 伯夷、叔齐为什么会饿死?又为什么会被人尊敬? ……… **78**

知识链接:郑成功为什么又称"国姓爷"?

39 在古代社会,"女色祸国"的观念曾广为流传,那么商朝
是因为妲己灭亡的吗? ……………………… **81**

知识链接:为什么褒姒没有父亲?周王朝的灭亡同她有关吗?

40 传国玉玺上刻的是什么字?为什么缺了一个角? ……… **83**

知识链接：中国印章的发展

41 "祖宗"的具体含义是什么？ …………………………………… 86

知识链接："封建"的本义是什么？

42 我国古代有经纪人吗？ ……………………………………… 87

知识链接："经济"在古代是指什么呢？

知识链接："经理"在古代是什么意思呢？

43 秦汉时婚装以黑色为主，为什么当代却以红色为主呢？ …… 89

知识链接："黄色"原本是古代皇家专用的颜色，为什么现代

却成了"色情"的代名词？

44 "风骚"原本是褒义词，同文学相关，现在却同色情关联，为

什么会发生这样的变化呢？ ……………………………… 92

知识链接：古代文人为什么把身上有虱子视为风雅？

45 "龙"的形象是怎么来的？为什么中国人被称为"龙的传

人"呢？ …………………………………………………… 94

知识链接：为什么中国人又称"炎黄子孙"？

46 "四大徽班"进京指哪四个京剧班子？他们为什么要

进京？ …………………………………………………… 96

知识链接：元杂剧中"四折一楔子"指什么？

47 "九卿三公"的具体官职是什么？ …………………………… 98

知识链接："二桃杀三士"是怎么一回事？

48 "夜郎自大"的"夜郎"在什么地方？那里的人为什么会

"自大"？ ………………………………………………… 101

知识链接：古代的"山东""山西"是现在的省份名称吗？

49 青花瓷是青色的吗？ ……………………………………… 103

知识链接："唐三彩"的"三彩"都是哪三种颜色？

50 "十里长亭"是十里长吗？为什么古人喜欢在长亭送别？ … 105

知识链接：古代的"亭"有什么功用？

51 古代没有钟表，古人是用什么计时的？ …………………… 108

知识链接："白云苍狗"是形容时间过得快吗？

52 古代实施外科手术时有麻醉药吗？中国最早的麻醉药

是什么？ ………………………………………………… 110

知识链接：神医华佗发明的"五禽戏"模仿了哪五种动物？

53 中国古代有医院吗？　·· **112**

　　知识链接：中国古代有女医生吗？

54 "狐狸精"是迷人、害人的妖怪,狐狸从什么时候有这个恶

　　名的？　·· **114**

　　知识链接：为什么用"狼心狗肺"形容某些人忘恩负义呢？

55 支票上金额从什么时候开始都要用大写的？　············· **116**

　　知识链接：世界上最早的纸币为什么叫"交子"？是什么时候、

　　　　　　　在哪里使用的？

56 "两面派"的"两面"是说两张脸吗？　··················· **119**

　　知识链接：广州为什么又称"羊城"？

57 三国时诸葛亮所制造的"木牛流马"到底是什么东西？　····· **120**

　　知识链接：岳飞真的有《武穆遗书》遗世吗？

58 "天字第一号"是怎么来的？　······················· **122**

　　知识链接：《千字文》是古代公务员的短信息吗？

59 "不管三七二十一"指对什么事情都不管不顾,为什么用这

　　个数字？怎么不说"不管三五一十五"呢？　············· **124**

　　知识链接："十五个吊桶打水——七上八下"形容内心十分不安,

　　　　　　　为什么是"十五"个吊桶,而不是其他数目呢？

60 为什么岔开话题时叫"王顾左右而言他"？　··············· **126**

　　知识链接：一般形容害怕时常说"噤若寒蝉",为什么会有这样

　　　　　　　的比喻呢？

61 "网开三面"是怎样变成"网开一面"的呢？　··············· **128**

　　知识链接："一问三不知"表示什么都不知道,是什么问题这么

　　　　　　　难,问一次却"三"不知呢？

62 "捞油水"是获得额外好处的代名词,它同"油水"有什么关

　　系吗？　·· **130**

　　知识链接："分一杯羹"分的是什么羹？这"羹"真的好吃吗？

63 称帮凶作"狗腿子"是什么意思？同狗有关系吗？　·········· **132**

　　知识链接：形容坏人沆瀣一气是"同流合污",它有什么来历吗？

64 "丑八怪"一词是怎么来的？真的指人长相难看吗？　········· **133**

　　知识链接："金屋藏娇"的成语有什么典故吗？

65 "骑虎难下"形容进退两难,为什么不说骑"豹"难下？　········ **136**

知识链接：《三国演义》中关羽、张飞、赵云、马超、黄忠被封为
　　　　　"五虎上将"，赫赫有名，历史上真的有"五虎上将"吗？

66 为什么称两个东西一模一样为"雷同"？ …………… **138**

知识链接："倒楣"为什么是"遇事不利""不走运"的意思？

67 "青出于蓝而胜于蓝"的"青""蓝"是指颜色吗？ ………… **139**

知识链接：景泰蓝是蓝色的吗？

68 "绅士风度"的"绅士"是什么意思？它是外来语吗？ ……… **141**

知识链接："导演"一词是从什么时候开始出现的？

69 称海外华人为"海外赤子"，这是从什么时候产生的？"赤子"
又指什么？ …………………………………………… **143**

知识链接："留学生"一词的来历

70 "井水不犯河水"，为什么是"井水"而不是"江水""海水"
呢？ …………………………………………………… **145**

知识链接："你走你的阳关道，我走我的独木桥"的"阳关道"
　　　　　与"独木桥"指什么？

71 "五内俱焚"都指哪"五内"呢？ ………………………… **147**

知识链接：五脏六腑指哪些器官？

72 "掷地有声"是指什么东西抛在地上？发出什么声音？ ……… **149**

知识链接："一字千金"有典故吗？是什么字这么贵？

73 "露马脚"是怎么来的？同"马脚"有关系吗？ …………… **150**

知识链接：朱元璋曾当过和尚，这是怎么回事呢？

74 为什么用"三寸不烂之舌"来夸奖某人的口才好？ ………… **152**

知识链接："明察秋毫"的"秋毫"是指什么？

75 "缘木求鱼"，树上真的能捉到鱼吗？ …………………… **154**

知识链接："首鼠两端"怎么会是没有主见的意思？

76 "马首是瞻"最初是指打仗时的方向，怎么成了听话的
代名词？ ……………………………………………… **156**

知识链接："鸣金收兵"的"金"指什么？

77 麻烦别人或请人帮忙时为什么常说"借光"？ …………… **157**

知识链接：人们常说的"借刀杀人"，是借"谁"的刀去杀什么人呢？

78 孔子所说的"三月不知肉味"跟音乐有关，这是为什么？ …… **159**

知识链接：为什么把非常想念叫"一日不见，如隔三秋"？真的

是隔了三个秋天吗?

79 "引狼入室"真的是把险恶招引进来了吗? ·················· **161**

   知识链接:"登堂入室"是指走进房屋吗?它还有什么其他
       的寓意呢?

80 "牺牲"是指为了光荣的事业献出生命,但其本义并不是指
   死亡,那么它指什么呢? ·································· **163**

   知识链接:古代祭祀之后,怎么处理祭品?

81 "尽地主之谊"是主人尽招待客人的责任,"地主"指什么?
   为什么把主人又叫"东家"? ···························· **165**

   知识链接:为什么用"宾至如归"形容对客人招待得非常好呢?

82 为什么求人开恩时说"高抬贵手"? ···················· **167**

   知识链接:"上下其手"指的是什么呢?

83 "小巫见大巫"是两个巫师见面吗? ···················· **168**

   知识链接:为什么说"鸡肋"食之无味、弃之可惜?

84 "飞黄腾达"往往用来比喻升迁的迅速,它有什么含义吗? **170**

   知识链接:"马上"形容时间短,它同骑马有关系吗?

85 "水性扬(杨)花"为什么指女子风流? ·················· **172**

   知识链接:"呆若木鸡"原意是神态自若的样子,现在却指人傻
       乎乎的,为什么会有这样的变化呢?

86 "天龙八部"指哪八部天龙呢? ························ **174**

   知识链接:电影《无间道》的主人公在警察和黑社会两面周
       旋,"无间道"是什么含义呢?

87 "六道轮回"是说走回头路吗?"六道"指什么? ·········· **175**

   知识链接:佛教从什么时候传入中国的?

88 为什么把阴间称作"阴曹地府"? ······················ **177**

   知识链接:酆都城为什么又叫"鬼城"?

89 "十恶不赦"的"十恶"都指哪些罪行呢? ················ **179**

   知识链接:"六根不净"具体指哪六根?

90 和尚、尼姑都剃光头,同样是出家人,道士为什么不剃
   光头? ·· **181**

   知识链接:"塔"这一建筑形式是怎么产生的?为什么被用来
       安葬去世的僧人?

91 "批八字"究竟是哪"八字"呢? ………………………… **183**

   知识链接:"八旗子弟"是哪八旗呢?

92 "签字画押"是怎么回事? ………………………………… **185**

   知识链接:从什么时候开始实行按手印的呢?

93 "驴唇不对马嘴",还会对别的动物的嘴吗? ………… **186**

   知识链接:家畜的驯化是从什么时候开始的?

94 "食言"同"食"有关系吗? 为什么把"言"给吃了? ………… **188**

   知识链接:"贾人食言"是什么意思?

95 "座右铭"和座位有关系吗? ……………………………… **190**

   知识链接:中国古代的酒具是从什么时候开始出现的呢?

96 为什么用阴谋整治人,或者利用职权给他人制造困难叫做
"给人穿小鞋"? ………………………………………… **191**

   知识链接:鞋的历史

97 为什么把没办好事情叫"砸锅"? ……………………… **195**

   知识链接:现在把事情没办好、惹上麻烦称为"坐蜡",这是怎么
      来的呢?

98 "马桶"这个词是怎么产生的? 它与"马"有什么联系吗? … **196**

   知识链接:中国最早的厕所产生在什么时候?

99 为什么把说话较劲儿叫"抬杠"? …………………… **199**

   知识链接:"相声"是从什么时候产生的? 又为何名为"相声"呢?

100 "马后炮"的词义最初就是消极的吗? ………………… **201**

   知识链接:"气数已尽"的"气数"指什么? 它的最初含义是什么?

101 "胡同"这个词怎么成了街巷的名字? ………………… **204**

   知识链接:北京胡同的名称

1

为什么用"花架子"来形容中看不中用的东西?

用"花架子"形容中看不中用的东西,来源于一个有趣的传说:

据说在元朝时,松江纺织家黄道婆的纺织技术非常高超,而且带动了一大批人从事纺织工作。当地纷纷开办了纺织作坊,男女老少都会织布,大家的生活也都好起来了。

镇上有个姓李的穷秀才,他不愿意从事认为低贱的体力劳动。生活不下去了,就到浙江湖州乡下当私塾先生,以此维持生活。

这个秀才教书的地方也是纺织之乡,大家听说私塾里新来的李秀才是黄道婆家乡的人,就纷纷找他请教纺织新技术。李秀才对纺织技术一窍不通,又不愿意承认自己不懂,就撒谎说自己是读书人,没动手亲自纺织过,但他可以把黄道婆的织机图纸画给乡亲们,让他们改进工具,提高技术。

乡亲们都很高兴,拿着秀才画的图纸,高高兴兴地请来木工,照着图纸做了一架织布机。织布机看起来很漂亮、很新颖,但是却不好用,根本没办法工作。大家去问秀才,他却狡辩说,你们的手艺不行,对最新的机器理解不透彻,所以才织不出布来。

后来,黄道婆发明的织机传到这里,人们才知道李秀才画的织布机只是样子好看而已,根本不具备实用性,所以人们把它叫做"花架子"。

黄道婆像

从此以后,人们常用"花架子"一词来比喻徒有其表、华而不

1

实的行为或中看不中用的工具。

为什么把中看不中用叫"银样镴枪头"？

"银样镴枪头"这个俗语并不是指工具，也不是指武器，而是形容人或工具徒有其表、内里空虚，没有内在的实际本领或用途。

这个俗语出自《西厢记》第四本第二折红娘骂张生的一段："你原来是苗而不秀，呸！你是个银样镴枪头。"这是红娘对张生懦弱的不满，因此说他外表看起来像个男子汉，追求莺莺小姐时比较大胆，其实内里很软弱，遇到挫折就退缩，不敢和老夫人去正面抗争。

《红楼梦》第二十三回黛玉骂宝玉的话："呸！你原来是苗而不秀，是一个银样镴枪头"，用了《西厢记》的这段原文。

"银样镴枪头"指表面银光闪闪的钢枪实际上是焊锡做的枪头。"银样"指外表光亮，或者说很有震撼力，银光闪闪的，像是很锋利。这里的"银"并不是说用白银做的枪头，因为白银的质地也是比较软的，只是说枪头发着银色的光芒。"镴"是指实际上是用焊锡做的，虽然同样很光亮，但却不结实，一扎出去就断了，所以只是样子好看而已。后来人们习惯把中看不中用称作"银样镴枪头"。

2 为什么形容女子有才学称"咏絮之才"？

形容男子有才学常用"才高八斗""学富五车"，而夸奖女子有才学则用"咏絮之才"，这有什么来历吗？这个词的出处同东晋才女谢道韫有关。

谢道韫是东晋时期著名的女诗人，是当朝名将谢安的侄女，安西将军谢奕的爱女，大书法家王羲之的二儿媳（王羲之之子王凝之之妻）。有这么多的头衔，就知道谢道韫有多么深的社会背景和家学渊源了。

谢道韫自幼聪明伶俐，知书达理，聪慧能辩，谢安非常喜欢这个侄女，称赞她有"雅人深致"。

有一天，谢安召集儿女子侄们谈论学术文章，突然天空飘起了鹅毛般的大雪。谢安诗兴大发，看到这样的美景，准备考一考后辈晚生的才学。谢安问他们："白雪纷纷何所似？"谢安的侄子谢朗答道："撒盐空中差可拟。"其他几个子侄也都各自说了看法，把白雪比喻成各种物体，都没有使谢安完全满意的。

这时谢道韫说："未若柳絮因风起。"谢安一听非常高兴，认为把白雪比喻成柳絮很是恰当，不由得点头称许。这一咏雪名句后来为世人所传诵。于是就将女子有才学称作"咏絮之才"了。

在当时能够与谢道韫相提并论的只有同郡的张彤云。张彤云是张玄的妹妹，论家世自然不及谢家，论才情却不相上下。张彤云嫁到顾家。有一个叫济尼的人，常常出入王、顾两家，有人问济尼，两个才女谁更出色一些，济尼说道："王夫人神清散朗，故有林下风气；顾家妇清心玉映，自是闺房之秀。"说明两个人各有长处，但谢道韫更具魏晋风流。

谢庭咏絮图

3

知识链接

为什么用"出水芙蓉"形容女子美貌？

《红楼梦图咏》里的黛玉

"出水芙蓉"指刚开放的荷花，却常用来比喻诗文清新不俗，也形容天然艳丽的女子，这是什么原因呢？

"出水芙蓉"一词出自南朝梁钟嵘《诗品》卷中："谢诗如芙蓉出水，颜如错彩镂金。"钟嵘在这里把谢灵运诗比作刚出水的荷花，清新自然，不假雕饰，具有一种自然美；而将颜延之的诗歌说成是经过雕琢的人工美，则略逊谢诗一等。

"芙蓉"最早即为莲（荷花）的别名。《离骚》："制芰荷以为衣兮，集芙蓉以为裳。"王逸注："芙蓉，莲华也。"芙蓉一般分木芙蓉与水芙蓉两类，另有拒霜花、三变花、莲花、芙蕖、水芝、菡萏、六月春、水芸、红蕖、水华、荷华、溪客、碧环、玉环、鞭蓉、鞭蕖、水旦等等别称，自古以来为文人墨客所喜爱，多在诗文中有所歌颂。尤其是宋代周敦颐《爱莲说》中将芙蓉形容为"出淤泥而不染，濯清涟而不妖，中通外直，可远观而不可亵玩焉"，将其高洁品性烘托出来，为千百年来读者所激赏。从此，芙蓉也被赋予了高洁的品格。作者通过对莲的形象和品质的描写，歌颂了莲花的坚贞，从而也表现了作者洁身自爱的高洁人格和洒落的胸襟。

正因为芙蓉被历朝历代的文人赋予了这么多美好的意象，把它当作清新自然、不假雕琢的象征，是美好心愿的具象，所以被用来形容年轻女子，一方面取其美丽，另一方面取其高洁的品性,象征年轻女子的纯洁。所以"出水芙蓉"也就由形容文章的精美转变成形容女子的纯洁与美貌了。

3 "花名册"明明是清点姓名的,为什么叫"花"名册? 同花有关系吗?

在日常事务中,为什么常把名册或名单叫"花名册"呢? 它同花有关系吗? 是记载花的名称的册子吗?

其实"花名册"同花并无关系,它是同中国古代的户籍制度密切相关的。户籍是登记、管理人户的册籍,亦称籍帐。其起源很早,从春秋时期就有相应的户籍制度了。经过历朝历代的不断补充完善,成为古代社会统治的一个重要方面。

"花名册"名字的由来是由于旧时登录户口册子,把人名叫做"花名",户叫做"花户"。花,言其错杂繁多。《元典章·圣政二·均赋役》记载:"差科户役先富强,后贫弱,贫富等者先多丁,后少丁,开具花户姓名。"《清史稿·食货志一》也有记载:"册内止开里户丁实数,免列花户,则簿籍不烦而丁数大备矣。"这里都指出"花户"在户籍中的历史地位。"花名册"即由此而来。

另外古代也把娼妓在妓院中使用的化名称作"花名",如元宋无《直沽》诗"细问花名何处出,扬州十里小红楼",用的就是这个意思。所以在这里"花名册"就是妓女的名册,也有户籍的作用。

"花名"一词是从古而来的,现在用"名单""名册"等名词取而代之,但偶尔也有使用"花名册"一词的。

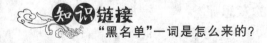
知识链接
"黑名单"一词是怎么来的?

提起"黑名单",大家都首先会想到背后告密等事情,认为是将一些人暗中陷害的名录。那么这个词是怎么来的呢? 为什么

5

问吧
六

是"黑"名单呢？

"黑名单"一词来源于世界著名的英国牛津和剑桥等大学。在中世纪时，这些学校规定对于犯有不端行为的学生，将其姓名、行为列案记录在黑皮书上，谁的名字上了黑皮书，即使不是一辈子被人唾弃，从此在社会上抬不起头来，也会使人在相当时间内名誉扫地，很多事情都会受到限制。学生们对学校的这一规定十分害怕，常常小心谨慎，惟恐自己的名字上了这样的黑皮书。

没想到本来是学校惩罚学生的做法，却被当时一位英国商人引申到商业活动中，用黑皮书来惩戒那些时常赊欠不还、不守合同、不讲信用的顾客。英国商人把这类顾客的名字开列在黑皮书上，后来又将一些破产者和即将破产的人的名字也排在黑皮书上。

事情传开后，在社会上引起了轰动，先是商人们争相仿效，继而，各行各业都兴起了黑皮书，不少工厂老板把参加工会的人的名字列在"不予雇佣"栏下。于是，黑名单便在工厂主和商店老板之间秘密地传来传去。

1950年9月，美国国会通过《麦卡伦法案》，同年12月，总统杜鲁门发布命令，宣布美国处于"全国紧急状态"，正式实行《麦卡伦法案》，他们编制了形形色色的黑名单，按名逮捕和迫害大批进步人士。

从此以后，"黑名单"的做法在各行各业中使用。当然，在特务活动中是使用得最频繁的。

4 戏曲中的术语"叫板"怎么就发展成现代汉语中"挑战"的意思呢？

现在说起"叫板"，具有滋事挑衅的意味。其实这个词原来是戏曲中的术语，戏曲中把道白的最后一句节奏化，用动作规定下面唱段的节奏称"叫板"。

一般戏曲都把"唱、念、做、打"作为表演的基本构成。"唱"指唱功，是一部戏成功的关键。"念"就是白话、对话，也是考验演员表演技能的主要方面。"做"泛指表演技巧，一般又特指舞蹈化的形体动作，是戏曲有别于其他表演艺术的主要标志之一。"打"是戏曲形体动作的另一重要组成部分，它是传统武术的舞蹈化，是生活中格斗场面的高度艺术提炼。

杂剧人物雕刻

戏曲表演程式来源于生活，它把生活里的动作，按照一定的规范进行提炼、概括、美化和一定程度的装饰、夸张，形成有一定规律可以遵循的艺术表现形式。这种表演程式可以作为旁人效法和进行形象再创造的出发点。一个或一组单独的程式，虽然具有一般的生活内容（例如开门、关门、上楼、下楼、划船、骑马、泅泳、滑跌等动作程式，哭笑惊惧等表情程式），但还不能构成独立的舞台形象。只有演员根据人物性格和规定情景的要求，把若干程式按照一定的生活逻辑和舞台逻辑组合起来，才能表达出某种具体的思想感情，塑造出独立完整的舞台形象。所以在表演时，为了更具有艺术美，需要"叫板"来使表演更具有节奏与韵律。而"叫板"也由引起下一段唱段逐渐演变成引起精彩下文的意思，具有了"挑战"的意味。

另外古代民间有个游戏叫骨牌，四个人打的，当一个人没钱时，还可以多打一次，这时那个没钱的人就会拍一下桌子，并且这次是由他说话，一般也称作"叫板"。

7

问吧
六

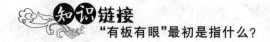

一般把做事稳妥、不毛糙，或者是按部就班地进行称作"有板有眼"。这是为什么呢？是与做木匠活有关系吗？其中"板"和"眼"都是指什么呢？

其实这句成语原意是指戏曲的，明王骥德《曲律》中说："凡盖曲，句有长短，字有多寡，调有紧慢，一视以板眼为节制，故谓之板眼。"

"板"就是板式。戏曲唱腔音乐中的板式结构，可分为板式变化体和曲牌连套体两大类。在板式变化体的结构中，大都有慢板、快板、二八板、流水板、散板等板类。在各类板式中，强拍为"板"，弱拍为"眼"，板式的强弱关系就是"板眼"。其中，节拍为 2/4 的叫"一板一眼"，节拍为 4/4 的叫"一板三眼"，节拍为 3/4 的叫"一板两眼"。如果演唱者节奏感差，强弱不分明，不是抢板就是滑板，便是掉板了。

所以将"有板有眼"一词指唱腔合乎节拍，后来引申为言语行事有节奏、有条理。

为什么说"病入膏肓"就是指病得很厉害呢？

现在说谁病势严重，常用"病入膏肓"来形容。什么是"膏肓"呢？为什么病到了"膏肓"就无药可医呢？

"膏"在古代是指心尖脂肪，"肓"是指心脏与隔膜之间，"膏肓"之间是药力不到之处。意指如果病到了这里，药力已经无法达到，病已危重到了无法救治的地步。也用来比喻事情到了无可挽回的地步。

这个词出自《左传·成公十年》，说的是春秋时期，晋景公有一次得了重病,听说秦国有一个医术很高明的医生,便专程派人去请。结果医生还没来到的时候,晋景公因病势严重,陷入半昏迷状态。

在迷迷糊糊中,晋景公做了个梦。梦见两个小孩在他旁边小声嘀咕着。

一个说:"据说主人去请一个医术高明的大夫,我看我们这回在劫难逃了,往哪里跑呢?"

另一个小孩说道:"怕什么,我们躲到肓的上面、膏的下面,无论他用什么样的药,都不能把我们怎么样。"

等到秦国的名医请来了,对晋景公进行了全面的诊断后,说:"这病已没办法治了。疾病在肓之上、膏之下,用灸法攻治不行,扎针又达不到,吃汤药,其效力也达不到。我也实在没什么办法来除去您的病痛了。"

晋景公一听医生的话,和自己梦中听到的两个小孩的话如出一辙,就叹了口气说:"你的医术真高明啊!"然后叫人犒赏了医生,让他回秦国去了。

不久晋景公就去世了。

后来就用"病入膏肓"来指病情已经无药可医,也引申为事情没有挽回的余地了。

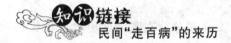

知识链接
民间"走百病"的来历

"走百病"是明清以来北方的风俗,有的在正月十五日,但多在正月十六日进行。这天妇女们穿着节日盛装,成群结队走出家门,走桥渡危、登城、摸钉求子等,活动丰富多彩,直到夜半才回家。

历史上对这种风俗多有记载。明刘侗、于奕正《帝京景物略》上载:"元时,妇女相率宵行,以消疾病,曰'走百病',又曰'走桥'。"清顾禄《清嘉录·正月·走三桥》:"元夕,妇女相率宵行,以却疾病。必历三桥而止,谓之走三桥。"都记载了民众在元宵节时出来"走百病"的习俗。

各地百姓"走百病"的方式也不完全一样,有的地方农村男女老少这天都要到野外走一走,谓之"走老貌",据说每年走一次可以青春常在,永不衰老。有的地方一大早就到村外散步,甚至骑上牛、马、驴、骡在大路上奔跑,谓之"跑百令",谚曰:"跑一跑,不见老。"类同"走老貌"。有的地方人们登高远眺,有的去陵墓前炙翁仲,也有的人在家炙衣带,谓之"炙百病"。民国期间所修的《潍县志稿》中有一首《潍县竹枝词》说:"新正节始过元宵,结队城头跑老猫。为乞一年百无病,艾香争把石人烧。"

总之,各地不同的习俗都传达出人们祈求平安健康的美好愿望,人们希望借新的一年来到之际,为一年求一个好的彩头,祝福全家人幸福安康。

6 结婚为什么要"拜天地"?

在结婚典礼上,"拜天地"是必不可少的一个仪式,没有拜过天和地,结婚仪式就像没完成一般。为什么会这样看重拜天地呢?

"拜天地"是一种历史文化现象。在我国的历史文化长河中,"拜天地"是中国人礼仪的重要组成部分,为普通百姓所接受并深度认同。

"拜天地"也叫"拜堂",包括一拜天地、二拜月老和高堂、三夫妻对拜。这些仪式是从古代人祭天、祭地的仪式发展演变而来的,同我国古代先民的哲学思想密切相关。

我国古代思想家把世界上的事物概括为天、地、人三类。天和地是古代人从生活经验中已经认识到的自然生存环境,对于人类的繁衍和社会发展至关重要。人生存在天地之间,依靠天地化生的万物而生存。自然环境好,风调雨顺,土地肥沃,物产丰富,空气清新,河水纯净,没有任何污染。人们生存在这样的天地环境中，自然就能得到大自然的很多恩赐，提高生活质量，干事创业容易成功，生儿育女自然健康。所以结婚时新人首先拜天和地，感谢抚育了我们的大自然。

而月老、父母和夫妻包含在"人"的因素中。无媒不成婚，月老是媒人，是婚姻建立的纽带；结婚是男子长大成年的标志，而父母有养育之恩，我国传统文化中对尊长和孝亲极其重视，甚至通过法律条文规定下来；夫妻是建立新的家庭的基本要素，提倡夫妻互敬互爱。因此拜月老、父母和夫妻对拜也就自然是结婚礼仪中的重要部分了。

《紫钗记》中拜堂的场景

所以"拜天地"中的三拜，包含了新人对天、地、人的感谢，是一种朴素而虔诚的思想。

知识链接
"青梅竹马"怎么会与爱情有关？

青梅，青色的梅子。竹马，把竹竿当马骑。这本来是指幼时的游戏，怎么同爱情相关呢？为什么现在指男女幼年时的亲密无间？

"青梅竹马"的爱情也一直被人所向往，大家往往把"青梅竹马"当作一种理想式的爱情，认为是纯真年代的理想恋爱方式。这个词出自唐李白《长干行》诗："郎骑竹马来，绕床弄青梅。同居长干里，两小无嫌猜。"诗歌描写一位女子，从小和一个男孩子

11

一起玩耍，友谊深厚。长大后嫁与这个小时的伙伴为妻。结婚刚刚一年多，小两口感情正浓，但丈夫要远到四川一带去做生意。女子在家独守空房，日夜思念丈夫，不由得回想起当年的情深意浓。诗歌表达了女子思夫心切，愿从住地长干跋涉数百里远路，到长风沙迎接丈夫。因为夫妻两个人是从小的玩伴，长大后结为夫妻，因此没有功利目的，是纯真友情转变成爱情的，所以世人对这样的婚姻爱情比较推崇。

后来用"青梅竹马"来表明天真、纯洁的感情长远深厚，也可以把"青梅竹马、两小无猜"放在一起使用，意思不变。

7 王母娘娘同玉皇大帝是夫妻吗？

在民间大家以为王母娘娘是玉皇大帝的老婆，其实这两位神仙根本不是一家人。这是怎么回事呢？是什么时候乱点鸳鸯谱，把他们两个撮合在一起的？

原始王母石像

王母的概念在远古就有了，在《山海经》中就有记载："西王母其状如人，豹尾虎齿而善啸"，纯粹就是一个怪物。在《竹书纪年》和《穆天子传》中，西王母是人间的国王，不是神仙。《竹书纪年》卷下曰："十七年，王西征昆仑丘，见西王母。其年西王母来朝，宾于昭宫。"《穆天子传》卷三曰："吉日甲子，天子宾于西王母，乃执白圭玄璧，以见西王母。西王母再拜受之。"两汉之际西王母有所变化，西汉司马相如《大人赋》曰："吾乃今日睹西王母，皓然白首，载胜而穴处兮。"把西王母看成为白发老妪，且住在洞穴中。

　　东汉后期，道教产生后，天帝和西王母都成为了道教所崇拜的神仙。但直到现代，在所有的道教的典籍中，都没有这两位天神是夫妻关系的记载。

西王母与周穆王

　　天帝是被道士正式奉为玉皇大帝的，全称为"昊天金阙无上至尊自然妙有弥罗至真玉皇上帝"，简单一点的叫"昊天金阙至尊玉皇大帝"，简称"玉皇大帝"。西王母则被崇奉为"西元九灵上真仙母"，后来又加上了更复杂的"白玉龟台九灵太真金母元君"封号。西王母在道教经典中有一个对偶神叫"东木公"，西王母和东木公的关系比较密切，但只是互为镜像，不是配偶关系，而西王母和玉皇大帝则没有任何关系。

　　在宋代的《太平广记》中，还看不到西王母同玉皇大帝有关系，所以把西王母强行嫁给玉皇大帝的应该是南宋以后的剧作家和小说家。宋元明时期，许多文学家皆以西王母蟠桃会为题材，写入小说、戏曲中，据庄一拂《古典戏曲存目汇考》卷二称："宋官本杂剧，即有《宴瑶池爨》。金元院本有《王母祝寿》一本，《蟠桃会》一本，《瑶池会》一本。元钟嗣成、明朱有炖俱有《蟠桃会》杂剧，情节皆类似。"小说中涉笔西王母事的也很多，吴承恩

13

的《西游记》所写孙悟空大闹蟠桃会的故事，就是对上述剧本的进一步演绎，而且把西王母的户口从西方昆仑山迁到了天上，并给玉皇大帝做了皇后。从此两位本互不相干的人或神成了夫妻，并被千百年来百姓所认同。

知识链接
玉皇大帝是掌管仙界和人间一切的主宰吗？

神话传说中玉皇大帝居于太微玉清宫，全称"昊天金阙无上至尊自然妙有弥罗至真玉皇上帝"，是掌管人世间一切事物的神仙。古代人们对自然缺乏科学的认识，认为天上有支配日、月、风、雨等自然变化和人间祸福、生死、寿夭、吉凶等人生命运的最高神——"帝"，西周以后又称"皇天""昊天""天帝"等。南朝时陶弘景《真灵位业图》中已有"玉皇道君""高上玉帝"的称呼，排列在玉清三元宫右第十一和第十九的位置。

隋唐时，"玉皇"信仰普遍盛行，唐代著名诗人白居易的《梦仙》诗中就有"仰谒玉皇帝，稽首前至诚"的诗句。在唐宋时成书的《高上玉皇本行集经》则把玉皇的出身和来历弄清楚了：很久以前，有个光严妙乐国，国王净德和王后宝月光老年无子，于是令道士举行祈祷，之后梦见太上道君抱了一个婴儿赐予王后，王后因为这个梦而怀孕了。怀胎一年，孩子降生，是个男孩。长大后继承王位，但不久就去普明香严山中修道，功成超度。经过三千劫始证金仙。又超过亿劫，始证玉帝。

玉皇大帝年画

道教认为玉皇大帝是众神之王，在道教神阶中地位最高，神权最大。道经中称他居住昊天金阙弥罗天宫，统御诸天，综领万圣，主宰宇宙，为天界至尊之神，万天帝王。简而言之，道教认为：玉皇总管三界（天上、地下、空间），十方（四方、四维、上下），四生（胎生、卵生、湿生、化生），六道（天、人、魔、地狱、畜生、饿鬼）的一切阴阳祸福。

道教将正月初九定为玉皇圣诞，俗称"玉皇会"，传言天上地下的各路神仙在这一天都要隆重庆贺，玉皇在其诞辰日的下午回鸾返回天宫。

不过随着科学的发展，玉皇大帝的有无已经逐渐被广大百姓所认识了，他也只存在于宗教和神话传说中了。

8 酒店门口放置的"水牌"有什么作用？

在酒店的门口一般会放置"水牌"，这是做什么的呢？除了酒店之外，还有哪些地方可以放置水牌呢？

原来，水牌是旧时店主人临时登记账目或记事用的，一般是漆成白色或黑色的木板或薄铁板。若是白色的也可称为"粉牌"。水牌一般都挂在商店的墙壁上，上面记录了一些商店或酒店的告示，提醒或告知顾客的一些内容，如商品目录、价格等，是告示牌的一种。

"水牌"的产生很早，尽管哪朝哪代都已不可考，却被后人所接受并广泛流传下来。在元杂剧《破风诗》第三折中就有这样的话："你将这三门闭上，怕有宾客至，你记在水牌上，等我回来看。"《红楼梦》第六十一回也写道："把天下所有的菜蔬用水牌写了，天天转着吃。"可见水牌早已经被大家所接受并广泛使用了。

现在水牌的使用已经越来越广泛，不仅仅局限于酒店，也不简单是店主人的记事簿了。现在很多商场、写字楼、医院的入口

处的指示性牌子，上面标注了商品区、单位、科室所在的楼层等信息，都是水牌的功用。另外办公楼中的形象标识牌（水牌）主要用于展示企业形象、标示企业位置等，已经是企业文化的重要组成部分了。

看来一个小小的水牌，已经被发扬光大，具有了更加广泛与实用的意义。

知识链接
门神的来历

以前过春节的时候，很多人家的大门上都贴着门神的画像。门神是怎么产生的呢？

门神的历史很长了，据《山海经》记载：在苍茫的大海中有一座度朔之山，山上有一棵大桃树，桃枝的东北有一个鬼门，门上有两个神人把守着，一个叫神荼，一个叫郁垒，他们的职责是监视那些害人的鬼，一旦发现便用芦苇做的绳索把鬼捆起来，扔到山下喂老虎。就连黄帝也对他们表示尊敬，在门上画神荼、郁垒和老虎的像，并挂上芦苇绳，用来惩戒那些害人的鬼。后来《山海经》这种以神荼、郁垒、虎、芦苇绳等辟邪的信仰就流传了下来。

人们信奉门神，认为贴上他们的画像能够辟邪，能够给生活

神虎下山图

带来安宁。但门神的形象也是逐渐发展的，除了神荼、郁垒外，唐代出现了钟馗，元代以后出现了秦琼、尉迟恭，道教崇奉青龙白虎，一些地区信奉赵云、赵公明、孙膑、庞涓等。还有的地方将门神分为三类，即文门神、武门神、祈福门神。文门神即画一些身着朝服的文官，如天官、仙童、刘海蟾、送子娘娘等，武门神即武官形象，如秦琼、尉迟恭等，祈福门神即为福、禄、寿三星。

门神神荼、郁垒

这些门神虽然不是一个朝代的，背后的传说也各不相同，但人们信仰的精神是一致的。其中影响最深的几个门神是神荼、郁垒、钟馗、秦琼和尉迟恭。钟馗被认为是捉鬼的能手，而秦琼和尉迟恭是和唐太宗的故事紧密相连，在民间关于他们都有很多传说，有的甚至被当作历史故事在流传。

随着时代的发展进步，门神的功能已不仅是辟邪免灾，有些人还借贴门神表达对功名利禄的祈望。从明代以后，有些武门神像上经常写着"爵、鹿、蝠、喜、宝、马、瓶、鞍"等字样，表达了人们的美好愿望。

当代社会贴门神的越来越少了，对美好生活的向往与祈求已经通过其他形式来表现，但门神在中国传统民俗中却占据了非常重要的位置。

9 男左女右这种习惯是怎么形成的呢？

在我们的日常生活中，"男左女右"已经形成了一种传统习惯，我们社会生活的各个方面都在遵守着这种习惯。上公共厕所、戴婚戒、照结婚照、吃饭坐位置等等，男的往往在左边，女的往往在右边。如果不遵守"男左女右"的传统，似乎就违背了点儿什么似的。中医诊脉，男子取气分脉于左手，女子取血分脉于右手，即使小儿患病观察手纹也取"男左女右"的习惯。这种按左右来诊断的做法，是否真能表示男女生理上的差异，目前还不得而知。

那么这种传统是怎么形成的呢？它有什么科学依据吗？

"男左女右"的习俗，早在二千多年前战国时期就已经有了。一种说法，认为"男左女右"与我国古代神话传说中的伏羲和女娲有关。据说盘古开天辟地，他的左眼化为日神，即伏羲；右眼化为月神，即女娲。伏羲在左，女娲在右。女娲用黄土造出了人类，是人类的始祖和古代母性的象征。由于人们尊崇女娲，于是也崇尚右，所以右边代表较高的地位。因此形成了"男左女右"的习惯。

另一种说法，这一习俗来源于我国古代哲学中的阴阳观念。阴阳之说最初是指物体对日光的方向，朝阳为阳，背阳为阴。后来，古代哲学家就用这个观念来解释所有事物中两个互相对立又相互联系的方面。他们把现实事物中的不同方面如大小、长短、上下、左右等进行归类，称大的、长的、或处于上方的、左边的为阳，称与之相对的小的、短的或处于下方的、右边的为阴。而男女两性男为阳、女为阴，于是，"男左女右"的习俗就形成了。

不管是何种原因形成的"男左女右"习惯，到底遵守还是不遵守，其实都不影响我们的生活。只不过有时一种习惯形成后，会给社会生活带来一定的方便，比如说公共厕所。当然，如果把这种习惯过于神秘化，就不应该了。

知识链接
夫妻之间为什么称"丈夫""妻子"？

人们通常谈到夫妇时，夫多被称为"丈夫"，妇则被叫做"妻子"。对于这样的称呼大家早已经习惯了，在日常生活中都在使用，你知道这样称呼的原因何在吗？

我国古代有些部落，有抢婚的习俗。女子选择夫婿要挑强壮的，标准之一就是看这个男子是否够高度，一般以身高一丈为标准，当时的一丈约等于七尺（那时的一尺约合现在的六寸多）。有了这样强壮的男人，才可以保护女子，耕种、战争都不怕了。所以，女子都称她所嫁的男人为"丈夫"。后来随着社会的发展，身高已经不是决定性的因素，"丈夫"的标准也不局限于身高一丈了，丈夫就演化出许多别称，常见的有以下几种：夫婿、夫子、夫君、君子、郎、郎伯等等。

"妻子"在现代汉语中是一个词，专指丈夫的配偶。在古代最初是两个词，指"妻"和"子"。"妻"最早见于《周易·系辞》："入于其官，不见其妻。"但妻在古代不是男子配偶的通称。《礼记·曲礼下》载："天子之妃曰后，诸侯曰夫人，大夫曰孺人，庶人曰妻。"由此可知，那时的"妻"只是平民百姓的配偶，是没有身份的。后来，"妻"才渐渐成为所有男人配偶的通称。

"妻"作为男人配偶这一层含义上，产生了很多相关的称谓，古代无论官职大小通称妻为"孺人"。卿大夫的嫡妻称为"内子"，泛指妻妾为"内人"。妻还被称为"内助"，意为帮助丈夫处理家庭内部事务的人，"贤内助"成为好妻子的美称。旧时对别人谦称自己妻子为"拙内""贱内"。而在官职较高的阶层中对妻子的称呼却反映出等级制度来。如诸侯之妻称"小君"，汉代以后王公大臣之妻称夫人，唐、宋、明、清各朝还对高官的母亲或妻子加封，称"诰命"。

现在则把丈夫、妻子称为"老公""老婆"，已经不分等级了。

19

10 人们常用"凤毛麟角"比喻稀缺的东西,真的有"凤毛"和"麟角"吗?

人们在日常生活中经常用"凤毛麟角"来形容稀缺的东西,"凤毛麟角"到底是什么宝贝呢?

凤衔花枝纹

字面意义上理解,"凤毛"就是指凤凰的羽毛,"麟角"就是指麒麟的角。这句成语的出处是南朝宋刘义庆的《世说新语·容止》:"大奴固自有凤毛。"《南史·谢超宗传》:"超宗殊有凤毛。"《北史·文苑传序》:"学者如牛毛,成者如麟角。"后来人们把这两个词结合起来,总称"凤毛麟角",以表示稀有之意。

凤凰与麒麟是三代传说中鸟中之王与兽中之王,用来象征祥瑞。"凤毛"与"麟角"结合在一起说,更显得稀少而珍贵。明汪廷讷《种玉记·尚王》:"驸马是凤毛麟角,公主是玉叶金枝。"郭沫若《痛失人师》:"有学问知识的人比较容易找,而有人格修养的人实在是如凤毛麟角。"

总之,"凤毛麟角"一方面是少,另一方面是好,二者结合在一起,才显得弥足珍贵。

"凤凰"是雌的还是雄的？

凤凰又称朱鸟、丹鸟、火鸟、鹍鸡等，被认为是吉祥、高贵的象征。那么你知道它是雌的还是雄的吗？真的有这种动物存在吗？

凤凰和麒麟一样，是雌雄统称，雄为凤，雌为凰，总称为凤凰。凤凰的发展愈往后愈复杂，有了鸿头、麟臀、蛇颈、鱼尾、龙纹、龟躯、燕子的下巴、鸡的嘴。自古以来凤凰就是中华民族文化中的重要组成部分。

玉凤

凤凰的起源约在新石器时代，根据神话传说，凤是从东方殷族的鸟图腾演化而成。今日所见关于凤的最早记录，可能是在《尚书·益稷》篇中。书中叙述大禹治水后，举行庆祝盛典。由夔龙主持音乐，群鸟群兽在仪式上载歌载舞。最后，一只凤凰飞来了——"箫韶九成，凤皇来仪"。这种神鸟的出现，代表了吉祥如意。

凤凰虽然是虚构出来的一种动物，但是古代人们一直相信有凤凰的存在，并认为时逢太平盛世，便有凤凰飞来。凤凰也是中国皇权的象征，常和龙一起使用，凤从属于龙，用于皇后嫔妃，龙凤呈祥是最具中国特色的图腾。

虽然凤凰是雌雄并称的，但一般情况下将凤凰看

楚墓帛画中的龙凤

21

作阴性。因此女孩子取名字时常用"凤""凰",个别男孩子名字中使用"凤"字。

知识链接(二)
故宫中九龙壁是用什么雕成的?

九龙壁位于紫禁城宁寿宫,是一座背倚宫墙而建的单面琉璃影壁,为乾隆三十七年(1772)改建宁寿宫时烧造。壁上部为黄琉璃瓦庑殿式顶,檐下为仿木结构的椽、檩、斗栱。壁面以云水为底纹,分饰蓝、绿两色,烘托出水天相连的磅礴气势。下部为汉白玉石须弥座,端庄凝重。壁上九龙以高浮雕手法制成。

故宫九龙壁

民间流传着一个巧补故宫九龙壁的故事:

据说从东边数第三条白龙的身上的一块琉璃瓦是用木头雕成的,是后补上去的。在建九龙壁时,工部选中了一个叫马德春的工匠。这马德春技术高超,为人老成,认真负责。他挑选几十位工匠一起烧制彩色琉璃瓦。经过他和工人们几十天夜以继日的辛勤劳作,终于将所需的琉璃瓦烧好了。

在安装九龙壁时,马德春嘱咐大家一定要小心仔细。工匠们也都在紧张地工作着。突然一声清脆的响声传来,吓了马德春一跳。他来到出事地点一看，一个小工匠呆呆地站在那儿，直勾勾地盯着摔碎的一片琉璃瓦。马德春当时也吓坏了，因为没有时间再重新烧制琉璃瓦了。他镇静了一会儿，低声对大家说："这事儿谁都不能说出一个字，否则大家都会掉脑袋的。"

回到家里，马德春茶饭不思，因为重新烧制那片琉璃瓦是来不及了，延误工期是大罪，与其坐着等死，不如努力补救一下，也许可以绝处逢生呢。于是他把自己一个人关在屋子里，悄悄地进行着秘密的工作……

九龙壁完工后，乾隆皇帝决定亲自去验收。乾隆皇帝在九龙壁前，仔细欣赏每条巨龙。跟在人群后面的马德春心都快提到嗓子眼了，险些吓丢了三魂七魄。乾隆来回看了三遍，龙颜大悦，重赏了马德春和其他工匠。

乾隆等离开后，马德春才长出了一口气。他为什么这么紧张呢？是因为他移花接木巧补了九龙壁。原来马德春是用一块上好的楠木雕成了那块被摔碎的琉璃瓦模样，匆匆忙忙地安装上的，这可是欺君之罪呀，被皇帝知道了，要被灭门的！

今天你要是有机会游览故宫时，可以到九龙壁找一找，哪块琉璃瓦是用楠木冒充的。

11

女子为什么戴耳坠？

女子戴耳坠早已经司空见惯了，这种装束是从什么时候开始的呢？

早在五十万年前周口店的中国猿人时候，就已经发现有用石头、兽牙或贝壳制成的耳饰。古代把耳饰叫做"珥""瑱""珰"。在出土汉代的文物中，有用石、玉、水晶、玛瑙制成的耳饰。可见古人戴耳坠是有很悠久的传统了。

关于女子戴耳坠还有这样的传说：

23

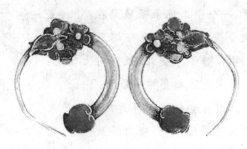

清花卉纹耳环

问吧（六）

24

相传古代有一位姑娘因为眼病导致了双目失明。后来，一位周游各地的医生说能医治好姑娘的眼睛。这位医生用闪闪发光的银针在她两侧耳垂中各刺一银针后，奇迹出现了，姑娘重见光明。姑娘非常感激，于是请银匠精制一对耳环戴在耳上，以示永不忘记名医之恩。

当姑娘戴上银耳环后，不但眼睛好了，而且愈发漂亮了。这件事情传开以后，很多姑娘和妇女都纷纷效仿，女子戴耳坠的装束也就流传开来。

其实我国古代医学中有一种"耳针治疗"，即用小毫针、皮内针或其他刺耳穴进行治病的方法。因为耳垂正中具有穴位，刺激它对保护视力和防治麦粒肿、急性结膜炎、老年白内障、中心性视网膜炎等各种眼病，特别是对近视眼有良好的疗效。恐怕今天的女子不会想到戴耳坠还能治病吧？

戴耳坠还有一种说法是，能让女孩子举止端庄。这是怎么回事呢？

传说很早以前，有一户人家只有老俩口，四十多岁才得一女孩儿，夫妻俩把女孩视为掌上明珠。姑娘长大了，娇惯成一身的坏毛病，走路摇头晃脑，没一点儿女孩子的温柔端庄。老俩口非常着急，怎么规劝都不见效。

这样的女孩子出嫁都成问题了。这可怎么办呢？老俩口灵机一动，最后终于想出个好办法：在姑娘两耳下各系一短绳儿，绳儿下端系一贝壳，这样，只要姑娘头一晃动，贝壳就会碰到姑娘的脸，而刮脸又是表示"羞"的意思，所以，姑娘立刻就会意识到别人在羞她，从此以后走路就不乱晃头了。

后来很多女孩子纷纷仿效，以便使自己显得端庄文静一些，久而久之，就形成了戴耳坠的装扮习俗。

"笄"是束发用的簪子。古代女子满十五岁结发，用笄贯之，因此称女子满十五岁为"及笄"；"及笄"也指已到了结婚的年龄，如"年已及笄"。语出《礼记·内则》"女子……十有五年而笄"。"女子许嫁，笄而醴之，称字"（《仪礼·士昏礼》）。古时女子十五岁时许配的，当年就束发戴上簪子；未许配的，二十岁时束发戴上簪子。

战国玉笄

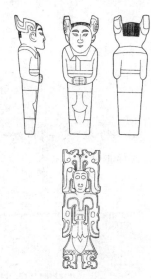

西周双笄玉人

古时女子出嫁一般在十三至二十岁之间，且主要集中于其中的十四至十八岁间这一年龄段。汉时，女孩出嫁很多是十四五岁。一般说来，在古时男女婚龄习尚男比女大，但也忌讳双方年龄相差太大。如果相差十岁以上就会受到舆论的谴责，俗谚云，"年老不娶少妻"，"年老不要娶少妻，要娶少妻生闲气"。但是在一些贵族中，续娶的妻子比不得结发，年龄相差不在此例。古时给男子娶一个年龄比男子大的女子为妻，多是贫困家庭所为，多是出于把媳妇当劳动力，早娶进门早使媳妇的思想，富足的家庭不需要劳力做工，所以对于女比男大，一般是忌讳的。

25

金凤簪子

蝴蝶簪子

古代女孩子把"及笄"作为一项重要的成人礼，过了这个年龄段，也就标志着步入成人了。

12 "五服"是指什么？

日常生活中亲戚排辈分时常提及"五服"一词，以表示亲戚的远近亲疏。这是什么意思呢？

其实"五服"指的是五种丧服。在中国古代社会，以丧服来表示亲属之间血缘关系的远近以及尊卑关系。"五服"具体指的是斩衰、齐衰、大功、小功、缌麻。斩衰是用很粗的生麻布做成，不缝边，像斧斩一样，故名斩衰。穿这种丧服服丧三年，用于臣、子、妻、妾为君、父、夫服丧；齐衰则是缝边的生麻布做成；大功和小功则是用熟麻布做成，只是做工不同；缌麻是细的熟麻布做成。服丧时间依次减少，分三年、一年、九个月、五个月、三个月。

古人以这五服表示亲属的远近亲疏。从自己开始，上到父亲、祖父、曾祖父、高祖父，下到子、孙、曾孙、玄孙，同时还有上述亲属的旁亲，都是有服亲，叫内亲。母亲一系叫外亲，服制只有一世，仅包括外祖父母、舅父、姨母、舅表和姨表兄弟，其他人则是无服亲。同时，期亲指父系亲属，大功亲指祖父系亲属，小功亲指曾祖父系亲属，缌麻亲指高祖父系亲属，母系亲属均列入缌麻亲中。

大功服　　　　　　　　小功服　　　　　　　　缌麻服

这样分来，丧服不仅仅是在出殡时所着服装，也显示出不同辈分与直、旁系亲属关系，因此大家就把"五服"作为表示亲戚关系的一种标准了。甚至还有以五服制罪的法律，即"准五服以制罪"，就是按照五服所表示的亲属关系远近及尊卑，来作为定罪量刑的依据。可见"五服"的亲缘关系有多重要了。

知识链接
有人去世了，为什么要送花圈呢？

有人去世时，送花圈寄托哀思几乎是约定俗成的，为什么要送花圈呢？花圈具体代表了什么？

在我国古代，丧葬仪式以搭灵堂为主，四周饰以白布，并扎纸人、纸马来烧，另外还要打幡、撒纸钱等，并没有送花圈的习俗。

花圈最初并不是为丧礼专用的。花圈的"发源地"据说在希腊,古希腊把花圈称为"斯吉芳诺思",是装饰神像的"圣物"。按照基督教的传说,一个人临死时带上花圈,安琪儿(即天使)就会把他的灵魂带到天堂。在两千多年前的古罗马法律——《十二铜表法》中《神圣法》第七条说:"假如有人或者亲身,或者由于自己的马或奴隶在竞赛中获胜而得到花圈,那么在他死时,无论在他家里或在战场,都不禁止把花圈置于死者身上。同样,也允许他的亲属带花圈参加葬礼。"

原来,花圈是在竞赛中获得的奖赏物!由于生前本人或者马、奴隶获得了这样的奖赏,死者也有资格把花圈带到天堂。既然花圈是胜利者和勇敢者才能得到的奖赏,难怪安琪儿就只愿把有花圈的灵魂带上天了。现在人们为死者送花圈,仍然属于给死者赠送的"葬礼"之类。这种习俗已经被东、西方所共同接受了。

13 很多城市里现在都保存有城隍庙，"城隍"有什么含义？

现在把"城隍"看作是当地的神,掌管一方事务。城隍是神鬼世界中的一城之主,他的职权范围相当于人世间的县官。道教把城隍当做"剪恶除凶,护国保邦"之神,说他能应人所请,旱时降雨,涝时放晴,保谷丰民足。

其实最初的"城隍"不是神,而是指城郊外面的护城壕。"城隍"最早的含义是由"水庸"衍化而来的。《礼记·郊特牲》有载:"天子大蜡八,祭坊与水庸。"郑玄注:"水庸,沟也。"古代人最早信奉的护城沟渠神是"水庸神",以后逐渐演变为城郊的守护神,即城隍神。

据文献记载,早在公元239年就有了城隍庙。后来,城隍庙逐渐遍布全国各地。城隍虽属道教之神,但历代帝王却多重视他的作用,屡次予以加封。后唐末帝李从珂封之为王;元文宗又封及城隍夫人。

城隍本来是没有姓名的，自宋代后，城隍便被人格化了，很多殉国而死的忠烈被封为本城城隍。《宋史·苏缄传》记载："缄殉节于邕州，交州人呼为苏城隍。"人格化的城隍多以属地名人为主，如苏州的城隍是春申君，杭州的城隍是文天祥，郑州城隍庙供奉的城隍爷是纪信，等等，都显示出城隍拟人化的结果。

不论城隍是神还是人，当地百姓都认为能保一方平安，因此祭祀城隍也就成了一种传统。

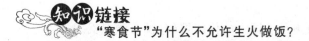

知识链接
"寒食节"为什么不允许生火做饭？

"寒食节"也被称为"禁烟节""冷节""百五节"，在夏历冬至后一百零五日，清明节前一二日。这一天禁烟火，不许生火做饭，只能吃冷食。后来民间又逐渐增加了祭扫、踏青、秋千、蹴鞠、牵钩、斗卵等风俗，在民间的影响极大，曾有"民间第一大祭日"之称。

"寒食节"的由来据说是为纪念春秋时晋国介之推（又称介子推）的。介之推是当年晋国的贤臣，侍奉公子重耳（后为晋文公）。后来晋国发生内乱，公子重耳被迫逃亡国外，介之推不畏艰难困苦跟随重耳流亡。在逃亡途中，重耳饥饿难当，介之推就把自己的大腿肉割下来熬汤给重耳喝。

重耳做了国君后，让手下的人自己申报功劳，论功行赏。很多人都纷纷汇报自己的功劳，获得了赏赐。介之推却什么都没说，因此也没获得奖赏。他就带自己的母亲隐居到山里去了。

有一天，经别人提醒，晋文公想起了这个"割股奉君"的贤臣，非常内疚，亲自跑到他隐居的山中寻找。但是山上树木很多，找不到介之推母子。有人给他出主意，说介之推是个孝子，如果放火烧山，他一定会背着母亲出来。于是，晋文公命令放火烧山，结果火一下蔓延数十里，连烧三日不熄，但介之推没有出来。火熄之后，大家进山察看，才发现介之推和他的老母相抱在一起，被烧死在一棵大树下。

29

后来晋文公为了尊敬和怀念介之推，就在他被烧死的这天命令全国禁火，吃冷食。这个习俗逐渐流传开来，人们把这天定为"寒食节"，都不生火做饭，只吃冷食，以表示对介之推的怀念。

14 过年为什么要放鞭炮？

过年放鞭炮是中国人的传统习俗，没有鞭炮就感觉年味不足。虽然全国一些大城市曾有一段时间禁止燃放烟花爆竹，但又逐渐解禁，可见鞭炮在国人生活中的重要性。

鞭炮在中国很早就有了，《诗经·小雅·庭燎》篇中，就有"庭燎之光"的记载。所谓"庭燎"就是用竹竿之类制作的火炬，竹竿燃烧后，竹节里的空气膨胀，竹腔爆裂，发出噼噼啪啪的响声，这也即是"爆竹"的由来。

那么为什么过年要燃放鞭炮呢？

传说中国古时候有一种叫"年"的怪兽，头长尖角，凶猛异常，"年"兽长年深居海底，每到除夕，爬上岸来吞食牲畜伤害人命，因此每到除夕，村村寨寨的人们扶老携幼，逃往深山，以躲避"年"的伤害。

又到了一年的除夕，乡亲们都忙着准备外逃避难，这时候村里来了一个白发老人，他对乡亲们说，他能将"年"兽赶走。村里人都不相信，大家劝他还是上山躲避的好，老人坚持留下，众人见劝他不住，便纷纷上山躲避去了。

当"年"兽像往年一样，准备到村里抓人和牲畜吃时，白发老人把带来的鞭炮点燃了，"年"兽吓得仓皇逃跑。原来"年"兽最怕红色、火光和炸响。

第二天，当人们从深山回到村里时，发现村里安然无恙，这才明白，原来白发老人点燃的鞭炮就是驱逐"年"兽的秘密武器。从此，每年的除夕，家家要燃放烟花爆竹，逐渐形成了过年时必不可少的一道节目。

知识链接
为什么春节要相互拜年呢？

拜年是中国民间的传统习俗，是人们辞旧迎新、相互表达美好祝愿的一种方式。拜年的传统由来已久，这同前面讲的"年"兽有关。传说"年"兽每逢腊月三十晚上，它便窜到村子里，吞噬牲畜和百姓。人们只好备些肉食放在门外，然后把大门关上，躲在家里。直到初一早晨，"年"饱餐后扬长而去，人们才开门相见，作揖道喜，互相祝贺又躲过了"年"兽的迫害，可以有新的一年的平安了。这就是"拜年"的由来。

拜年的方式多种多样，有的是族长带领若干人挨家挨户地拜年；有的是同事相邀几个人去拜年；也有大家聚在一起相互祝贺，称为"团拜"。到宋代，亲朋好友之间会相互送帖致贺，这就是早期的贺年片。到了明代，贺年片设计更加完美、精致，帖上不仅印有送者的姓名、地址，还写上了"新年快乐""吉祥如意"的祝辞。看来，贺年片的发明也是我们老祖先的贡献。

拜年时，晚辈要先给长辈拜年，祝长辈长寿安康，长辈可将事先准备好的压岁钱分给晚辈，据说压岁钱可以压住邪祟，因为"岁"与"祟"谐音，晚辈得到压岁钱就可以平平安安度过一岁。

15
"寿星"这一称呼是怎么来的？

中国人都喜欢老寿星，认为是长寿的象征。那么寿星是怎么来的呢？

寿星是中国神话中的长寿之神，为福、禄、寿三星之一，又称

福禄寿三星年画

南极老人星。看起来很普通，慈眉善目，和蔼可亲。但在古代，他却曾经是地位崇高的威严星官。司马迁《史记·天官书》中记载，秦朝统一天下时就开始在首都咸阳建造寿星祠，供奉南极老人星。当时的星相学家认为见到寿星，天下太平；见不到寿星，就预示会有战乱发生。早期星相著作中，也讲到如果老人星颜色越是暗淡，甚至完全不见，就预示将有战乱发生。这时候还没有把寿星当作长寿的象征。

《西游记》中写寿星"手捧灵芝"，长头大耳短身躯。《警世通言》有"福禄寿三星度世"的神话故事。画像中寿星为白须老翁，持杖，额部隆起。"福、禄、寿"三星中的"寿"就是寿星老人，也称老人星。由此寿星的形象开始向长寿方向变化，也开始为老百姓所喜爱。

由于道教养生观念的融入，也使寿星形象发生相应的改变。最突出的要数他硕大的、向前突出的脑门。寿星的大脑门，也与古代养生术所营造的长寿意象紧密相关，比如丹顶鹤头部就高高隆起。一般寿星画像手里所捧的寿桃，据说是王母娘娘蟠桃会上特供的长寿仙果，吃后可以立刻成仙长生不老。种种长寿意象融合在一起，最终形成了一个和蔼可亲、大脑门的老人手捧寿桃的形象。

中国人在祝寿时习惯送寿桃来表达祝福，这个习俗是怎么形成的呢？

东方朔偷桃图

送寿桃的习俗据说是从孙膑开始的。孙膑十八岁时就离开家乡，拜鬼谷子为师学习兵法。转眼间过去了十二年。在五月初五那一天，孙膑突然想起来，今天是母亲的生日，应该回去给母亲祝寿。孙膑于是向师傅请假，要回乡看望母亲。临行前，师傅鬼谷子摘下一个桃送给孙膑说："你回家为母祝寿，显示了你的一片孝心。我将这个桃子送给你，请转给你母亲，表达我的问候之意。"

再说孙膑的家里，这天大摆酒宴为老母亲庆寿。老母因思念孙膑，心里难过便哭了起来。正在这时孙膑回来了。他赶忙从怀里捧出师傅送的桃说："今日告假回来，师傅送我一个桃孝敬母亲。"老母亲非常高兴，接过桃子咬了一口，以前雪白的头发变成了乌黑的，老花眼也看得清楚了，脸上的皱纹也不见了，走路也不用拐杖了，一下子年轻了好多岁。全家人都非常高兴。

乡邻们看见孙膑的母亲吃了桃以后，变得健壮年轻了，便纷纷效仿孙膑，在父母过生日的时候，甚至是一般亲朋好友过生日的时候，送上寿桃，表示衷心的祝福。以后就逐渐形成了一种传统，在祝寿时献上寿桃，表示祝贺。

16

小孩满一周岁时为什么要"抓周"?

当小孩子长到一周岁时,大人们会将工具、文具、文书、兵器、日常用品等物品放在孩子面前,让孩子随意抓一样,然后根据所抓的物品来判定孩子的前程,这种活动民间称为"抓周",也称作"周晬"或"试晬""试周""试儿"。晬,就是婴儿满百日或满一岁的意思。那么为什么要在孩子一周岁时进行这项活动呢?

试晬图

据说"抓周"起源于三国东吴的"孙权选嗣"。孙权称帝不久,太子孙登因病去世,其他的儿子们便各自在母家的支持下,结交权臣,争夺嗣位,孙权对此十分烦恼。有个叫景养的隐士给孙权出主意,说可以选出谁适合当太子。

孙权选了一个吉日,景养端出一个摆满珠贝、象牙、犀角、翡翠、简册、绶带等物的小盘子,请皇子各自抱自己的儿子来抓取。其中只有孙和的儿子孙皓一手抓过简册,一手抓过绶带,其余都是抓那些金银财宝。孙权大喜,于是册立孙皓为太子。

其他皇子却不服气,通过争斗,另立孙亮为太子。孙亮继位才三年,便被一场政变推翻,改由孙休做皇帝。孙休死后,群臣又拥戴孙皓接位,应了当时预测的结果。后来这个方法流传开,大家都认为孩子满一岁已经立住了,轻易不会夭折,所以在周岁这天进行，"抓周"就变成了一种民俗。

唐宋时期百姓已经很重视"抓周"，仪式也很隆重。一般来说，"抓周"时摆的物品各有象征意义：纸、笔、砚、书籍等象征读书；官帽、诰敕、印章等象征做官；刀、剑、戈、矛等兵器象征勇武；金银、珠宝等象征财富……一般家长都会把有好预兆的物品摆在孩子面前，所以最后得到的结果不论是哪种，都是比较吉祥和幸运的。

至于"抓周"是否都灵验了，却没有跟踪的统计。一般人也不会把这种预兆永远惦记着，当时图个高兴就可以了。

满族人为什么把母亲称"额娘"？

目前清代题材的影视剧很多，有些观众留心点儿就会发现满族人称母亲不叫娘，也不叫妈，而是叫"额娘"。这是什么原因？是满语吗？

关于"额娘"的称呼有个美丽的传说。

很久以前，天上住着三个仙女，既美丽又善良。有一天，她们感觉在天上生活太孤单寂寞了，就变成三只美丽的天鹅，偷偷地来到了人间。她们飞到了一座四处都是陡峭的高山上。山顶上有一片清亮亮的湖水，水面平静，颜色深蓝，美丽极了。三位仙女被这清澈的湖水吸引，于是落到水面快乐地游起来。

正当三个仙女玩得高兴的时候，不知从哪里飞来一只小鸟，嘴里叼着一颗闪闪发光的红果。三仙女很喜欢这只美丽的鸟儿，她在水中仰起脸，张嘴向它笑。这时"吧嗒"一声那红果正巧落在三仙女的嘴里。三仙女感觉果子非常香甜，就吞了下去。

当三位仙女洗好澡、穿好衣服、准备往回飞的时候，三仙女觉得自己的身子又重又沉，两条手臂也举不起来。她怀孕了。两个姐姐只好安慰她，让她生了孩子后，明年回来接她。

三仙女被迫留在了人间，在这座美丽的山中生活着。十二个月后，生下一个胖小子。这孩子一落草就会说话。三仙女就告诉他："孩子，你要记住，生你的地方是果勒敏珊延阿林（即今

35

长白山),你的姓名是爱心觉罗·库布里雍顺(满族始祖)。"三仙女给孩子做了一只小桦皮船,把孩子放到小船里,里面铺上鲜花和树叶,然后把小船放到天池里,流着泪嘱咐道:"亲爱的孩子,愿上天保佑你,平安的长大吧!"

三仙女又变成了一只洁白的天鹅,准备飞回天上。她舍不得自己的孩子,在天池上空盘旋着。小船里的孩子看见妈妈变成了天鹅,就扎撒着小手,不住地喊着:"鹅娘、鹅娘!"但天规难犯,三仙女还是飞走了。

后来的满族人都称自己的母亲为"鹅娘",时间长了,就变成了"额娘"了。

17 "唐装"是唐朝人的服装吗?

"唐装"顾名思义,是唐朝的服装,真的是这样的吗?

现在流行的唐装,其实并不是唐代的服装,基本上是清末的中式着装,"唐装"的称谓,其实源于海外。唐代是中国古代辉煌的盛朝,声誉远及海外,以后海外各国因称中国人为"唐人"。《明史》卷三百二十四记载:"唐人者,诸番(外国人)呼华人之称也,凡海外诸国尽然。"在美国、东南亚乃至欧洲的华人居住区,都被称为"唐人街",所以外国人把住唐人街的华人穿的中国传统风格的服装称为"唐装"。

在20世纪初,粤、港、澳一带同胞就是以"唐装""西装"

晚清传统女装

来并称，用以区别中、西服装的。在 2001 年的上海 APEC 会议上，中国作为东道主请前来参会的亚洲及太平洋经济体的领导人穿"唐装"，祥和喜庆的"唐装"正式在国际最高会议上亮相，体现了中国传统文化的魅力，也是中国在国际大家庭中地位与风度的体现。

那么唐朝服装的主要样式是什么呢？"幞头纱帽"和"圆领袍衫"是唐代男子最主要的服饰。"幞头"是一种包头用的黑色布帛。唐代的男子服装主要是圆领袍衫，传统的冠冕衣裳只是在隆重的场合时偶尔穿一穿，如祭天地、宗庙等活动。日常生活中"幞头袍衫"是最普遍的打扮。袍服的款式各个时期都有所变化，并不是一成不变的。早期的袍服的袖子多用大袖，但大袖对域外的民族来说，则不太适宜。因北地寒冷，不便采用大袖，而采取紧裹双臂的窄袖。随着南北风俗习惯的相互渗透，这种紧身、窄袖的袍服样式，也被汉族人民所接受，而且成为唐代袍服款式的代表。

唐李重润墓石椁线刻宫装妇女

现在的唐装虽然是清人的主要装束，但是把"唐朝"与"清装"结合在一起，正说明了中国悠久历史文化对世界的影响。

知识链接
"苏绣"为什么天下闻名？

"苏绣"指苏州刺绣，历史上早就名扬天下。苏绣发源地在苏州吴县一带，现已遍衍江苏省的无锡、常州、扬州、宿迁、东台等地。为什么苏州出产的刺绣就那么有名呢？

苏绣产地江苏土地肥沃，气候温和，蚕桑发达，盛产丝绸，自古以来就是锦绣之乡。优越的地理环境，绚丽丰富的锦缎，五光十色的花线，为苏绣发展创造了有利条件。据西汉刘向《说苑》

问吧
六

记载，早在二千多年前的春秋时期，吴国已将苏绣用于服饰。三国时代，吴王孙权曾命丞相之妹手绣《列国图》。这些都说明苏绣的悠久历史和工艺的传承。

苏绣在工艺上有独到之处，是其他刺绣所不能及的。据《清秘藏》叙述苏绣"宋人之绣，针线细密，用线一、二丝，用针如发细者为之。设色精妙，光彩射目"。可见在宋代苏绣艺术已具有相当高的水平。在绘画艺术方面出现了以唐寅（伯虎）、沈周为代表的"吴门画派"，推动了刺绣的发展。优秀的绘画艺术同优秀的刺绣艺术相结合，苏绣所取得的成绩已不单单是刺绣，而上升到文化层面了。因此苏绣逐渐被世人所认可，并被奉为刺绣的最高水准代表。

江苏妇女采办公绣的场景

现在中国苏绣工艺仍然具有极高的水平，曾多次在国际国内获奖。2006年5月20日，"苏绣"遗产经国务院批准列入第一批国家级非物质文化遗产名录。2007年6月5日，经国家文化部确定，江苏省苏州市的李娥瑛和顾文霞为该文化遗产项目代表性传承人，并被列入第一批国家级非物质文化遗产项目226名代表性传承人名单。

古老的苏绣正在焕发出青春的活力，已经在世界范围内传扬。

18 "满汉全席"分哪些类型？用途都是一样的吗？

"满汉全席"闻名天下，是集满族与汉族菜之精华而形成的历史上最著名的中华大宴。那么是不是所有的"满汉全席"菜肴都是一致的？还有什么不同用途吗？

"满汉全席"的全部菜肴起码一百零八种，取材广泛，突出满族菜点特殊风味，烧烤、火锅、涮锅几乎是不可缺少的菜点；同时又展示了汉族烹调的特色，扒、炸、炒、熘、烧等兼备。"满汉全席"又有几种类型：

（一）蒙古亲藩宴。这是清朝皇帝为招待与皇室联姻的蒙古亲族所设的御宴。一般设宴在正大光明殿，由满族一二品大臣做陪。历代皇帝对此都非常重视，每年都要举行。而受宴的蒙古亲族对能参加这样的宴会更是引以为荣。

（二）廷臣宴。廷臣宴于每年上元后一日即正月十六日举行，由皇帝亲点大学士、九卿中有功勋者参加。这个宴会皇帝也非常重视，每岁循例举行。蒙古王公等也都全体参加。皇帝靠这个来拉拢近臣，同时又是表彰廷臣们功禄的一种象征形式。

（三）万寿宴。这是清朝帝王的寿诞宴，也是内廷的大宴之一。后妃王公，文武百官都借此为皇帝献礼。如果遇上皇帝大寿，则庆典更为隆重盛大。

（四）千叟宴。千叟宴始于康熙，盛于乾隆时期，是清宫中规模最大、参加宴会者最多的盛大御宴。此宴得名是由于康熙五十二年在阳春园第一次举行千人大宴，玄烨帝席赋《千叟宴》诗一首，因此得名。

（五）九白宴。九白宴始于康熙年间。康熙初定蒙古外萨克

万树园赐宴图

等四部落时,这些部落为表示投诚忠心,每年以九白为贡,即:白骆驼一匹、白马八匹。蒙古部落献贡后,皇帝设御宴招待使臣,所以称作"九白宴"。每年循例而行。

（六）节令宴。节令宴系指清宫内廷按固定的年节时令而设的筵宴。如:元日宴、元会宴、春耕宴、端午宴、乞巧宴、中秋宴、重阳宴、冬至宴、除夕宴等,各个重要节气都循例而行。满族与汉族的交融在饮食方面彼此交融,因此腊八粥、元宵、粽子、冰碗、雄黄酒、重阳糕、乞巧饼、月饼等在清宫中一应俱全。

"满汉全席"已经不简单地局限于饮食了,而是上升到一种文化层次上,展现了中华饮食文化和民族融合的优秀成果。

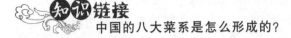

知识链接
中国的八大菜系是怎么形成的?

菜系是指在一定区域内,由于气候、地理、历史、物产及饮食风俗的不同,经过漫长历史演变而形成的一整套自成体系的烹饪技艺和风味,并被全国各地所承认的地方菜肴。一个菜系的形成是和它的悠久历史与独到的烹饪特色分不开的,同时也受这个地区的自然地理、气候条件、资源特产、饮食习惯等影响。

我国的菜系很广泛,通称有"八大菜系"。那么这些菜系是怎么形成的？

菜肴在烹饪中有许多流派。清代的时候，中国饮食分为京式、苏式和广式。民国开始，中国各地的文化有了相当大的发展，民国时分为华北、江浙、华南和西南四种流派。后来华北流派分出鲁菜，成为八大菜系之首，江浙流派分为苏菜、浙菜和徽菜，华南流派分为粤菜、闽菜，西南流派分为川菜和湘菜。鲁、川、苏、粤四大菜系形成历史较早，后来，浙、闽、湘、徽等地方菜也逐渐出名，就形成了我国的"八大菜系"。经过竞争，排名有了变动，首先川菜上升到第二，苏菜退居第三。后来形成最有影响和代表性的也为社会所公认的有：鲁、川、苏、粤、闽、浙、湘、徽等菜系，即人们常说的中国"八大菜系"。

19

养生粥"粥公粥婆"是怎么来的？

关于"粥公粥婆"的故事，有一个传说：

清康熙十六年，康熙皇帝第五次下江南微服私访。这一年的秋天，皇上带着随从来到广州，路上染了风寒，广东地方官吏下文通告岭南各路名医为皇上治病，却不见成效。

后来听说梅州乡下有一对阿公阿婆擅长熬粥，他们用家传秘方配制粥料，既有美味，还能养生健体、消病祛疾。于是地方官派专人把这对阿公阿婆接到官府，并按阿公阿婆的要求架起了柴锅土灶，精选岭南特有乌梅为主料，配以其他辅料及若干味中药，经过若干时辰的文火慢熬，一锅飘着药香的养生粥熬制完成。皇帝尝了一口，不但味道鲜美，而且感觉神清气爽。没多久，康熙皇帝身体便恢复了。

于是阿公阿婆熬粥的名声就传了出去，远近闻名。后来，梅州的这种养生粥在民间广为流传，被人们赋予"粥公粥婆"的美誉。

康熙南巡图

　　还有一种传说是，在乾隆年间，一场瘟疫袭击了广东，朝廷派人去救治，成效甚微。却发现有几个小村庄在瘟疫中安然无恙，原来他们都是吃了一对熬粥的老夫妇送的粥，这对熬粥的老夫妇被当地人称为"粥公粥婆"。粥公粥婆的粥加入了大量五谷杂粮和滋补药物，常吃这种粥的人身体强健，一般的病毒都奈何不了。后来就大力推广这种粥，疫情终于得以控制，乾隆皇帝大喜，称赞这对老夫妇为"广东食神"。

　　传说自然有夸张的成分，但在粥中加入适当的滋补药物，确实有很好的养生保健效果。"粥公粥婆"也为中华养生饮食作出了重要贡献。

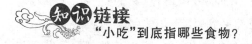

知识链接

"小吃"到底指哪些食物？

　　"小吃"几乎随处可见，那么它到底是什么？

　　《中国烹饪百科全书》是将"小吃"与"点心"并列作一个条目解释："用于早点、夜宵、茶食或席间的点缀，以及茶余饭后消闲遣性的小型方便食品如油条、豆浆、油茶、粽子、元宵、糕点等，它以量少、精制而有别于正餐和主食，也以量少、价钱便宜而区别于大菜，常称作经济小吃。小吃、点心是中国烹饪的重要组成部分,历史悠久,品类丰富,外观精美,讲究风味,富有中国传统文化特色。小吃、点心两词,古代常互用,沿袭至今。北方与长江上游地区,将食肆饭摊边做边卖的早点、夜宵食品,都称为小吃,而将糕点厂的制品以及宴会所用的精美糕点,则称为点心;南方地区有的将早点、夜宵用的米面制品都称作点心,而将肉类制品称作小吃。有的地方则把小吃、点心视为同义词,不加区别而混用。许多地方还将一些主食的食品作为小吃、点心供应于市。"

《汉语大词典》则这样解释:"(一)正式饭菜以外的熟食,多指下酒菜……今多指点心铺出售的熟食或饭馆中的经济膳食。……(二)西餐中的冷盘。"

《现代汉语词典》(1981年版)解释道:"(一)饭馆中分量少而价钱低的菜:经济小吃。(二)饮食业中出售的年糕、粽子、元宵、油茶等食品的统称:小吃店。(三)西餐中的冷盘。"

通过这些权威的字典解释可以看出,所谓"小吃",对于老百姓来说,包括的东西实在是太广泛了,不仅糕点、年糕、油条、豆浆、油茶、粽子、元宵,这一类食品叫小吃,像炒肉皮、黄豆芽、羊肉杂碎等也是小吃,而有的地方还把肉类制品叫小吃,有的地方把一些主食当小吃,再加上"早点""夜宵""正式饭菜以外的熟食""下酒菜"等等语义朦胧的概括,和"西餐中的冷盘"这样的外来饮食,你能说出不算小吃的有哪些吗?

"叫化鸡"同乞丐有什么关联吗?

"叫化鸡"是江苏常熟名菜,又称"黄泥煨鸡"。它同乞丐有什么关联吗?

提起"叫化鸡"的来历,据说还真同乞丐有关。

清朝,在虞山有一个叫化子讨饭讨得一只鸡,可惜既无炊具又无调料，没有办法吃，于是只能用土法来做了。他先将鸡杀了，去了内脏，带毛涂满黄泥，捡了一些败枝残叶随意将鸡烘烤上，自己躺到一旁睡觉去了。一觉醒来，看到泥团表面有些裂缝，便往地上一掼，泥壳脱落后，却露出香气四溢的鸡肉，令人馋涎欲滴。

正好隐居在虞山的大学士钱牧斋路过，闻到香味就尝了一下，觉得味道独特，回家命其家人稍加调味如法炮制，味道更是鲜美无比。后来，这种烹制方法就在民间流传开来，大家把这种烹制出来的鸡叫"叫化鸡"。

"叫化鸡"产生后，很多人对其工艺进行改良，使其色、香、味俱全，因此才长盛不衰。20世纪初，山景园朱阿二对叫化子煨泥的方法略作改进，除去内脏后，涂上佐料，并将鲜肉、生虾仁、鸡肫、火腿、香菇、香料等什锦配料塞入鸡肚，用荷叶、高温纸包扎，涂上泥，然后煨鸡。这样煨出来的鸡，鸡肉酥烂异香，味透而嫩，上筷骨肉脱离，原汁原味，风味独特，此后山景园靠叫化鸡等名菜声誉鹊起，名满江南。

如今"叫化鸡"的品种有山景园叫化鸡、王四叫化鸡、虞山牌叫化鸡等，已列入《江苏菜谱》和《中国名菜谱》。古老的菜肴正焕发出新的美味。

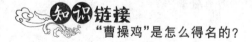

知识链接
"曹操鸡"是怎么得名的？

曹操是东汉末年著名的政治家、军事家，他难道还会烹饪吗？"曹操鸡"是始创于东汉安徽合肥的传统名菜，同曹操也有什么关系吗？

东汉末年战乱不断，合肥因地处吴头楚尾，为兵家必争之地。在汉献帝建安十三年（208），曹操统一北方后，率领八十万大军南下征伐孙吴，行至庐州（今安徽合肥）时，曹操因为军政事务繁忙，操劳过度，头痛病发作，卧床不起。行军膳房厨师遵照医生嘱咐，选用当地仔鸡配以中药、好酒，精心烹制成药膳鸡。曹操品尝过后，感到味道香醇，十分喜爱，后来身体很快康复了。

以后曹操用餐时经常吃这道菜，大家就把它命名为"曹操鸡"。

这道菜的烹制并不繁琐，其制作须选用一千克左右仔鸡，将整鸡经宰杀整型、涂蜜油炸后，再经配料卤煮入味，直焖至酥烂，肉骨脱离。出锅成品色泽红润，香气浓郁，皮脆油亮，造型美观。吃时抖腿掉肉，骨酥肉烂，滋味特美，且食后余香满口。因而，以其独具一格风味，受到中外食客好评。

其实很多菜肴同历史名人攀上关系，就显得更有文化品位一些，与菜肴本身的质量好坏没什么关联。菜肴本身的口味与营养是重要的，这是这些名菜流传千古的真正原因所在。

"曹操许田打围，下邳鏖兵"图

21

火锅是怎样发展来的呢？

现在全国各地都有经营火锅的店铺，"四川火锅""重庆火锅"等随处可见，很多人也都非常喜欢吃火锅。那么这种吃法是怎么来的呢？

火锅，古称"古董羹"，因食物投入沸水时发出的"咕咚"声而得名。它产生的时间很早，具体从什么时候开始不得而知，但大约一万年前，人们煮食用陶制的鼎，无论是三足或四足的鼎，在当时，只要是能吃的食物以肉类为主，通通都丢入鼎内，然后在

45

底部生火，让食物煮熟，成为一大锅的食物，当时叫做"羹"，这可以说就是最早的火锅了。

到西周时代，铜与铁的发明使器皿有了很大的改观，锅子用铜与铁制造，导热性更好，更轻便，同时也与近代的锅子非常相近，铜制的锅子与陶制的沙锅，到现在还是最实用、最普遍的火锅器皿，火锅可以说有了长足的进步。

东汉时期，火锅更前进了一步。三国时代，魏文帝所提到的"五熟釜"，是可以分几格的锅，可以同时煮各种不同的食物，和现今的"鸳鸯锅"差不多。到了南北朝，"铜鼎"是最普遍的器皿，也就是现今的火锅。演变至唐朝，火锅又称为"暖锅"。到宋代，火锅的吃法在民间已十分常见，南宋林洪的《山家清供》食谱中，便有同友人吃火锅的介绍。元代，火锅流传到蒙古一带，用来煮牛羊肉。至清代，火锅不仅在民间盛行，而且成了一道著名的宫廷菜。

看似简单的火锅，经历了数千年的演进，从形式到内容并没有发生大的改观，如今形成了老少皆宜的大众饮食。

知识链接
"麻婆豆腐"是什么样的豆腐？

提起"麻婆豆腐"很多人都不陌生，许多饭店的菜谱上都会有这道菜。可是，对于它的名字的来历，好奇的人多，知道的人少。

"麻婆豆腐"全称"陈麻婆豆腐"。据说在清朝同治元年，成都北郊万福桥边有一个"陈兴盛饭铺"，店主陈春富早殁，小饭店便由老板娘经营，老板娘脸上有几个麻点，人称"陈麻婆"。

万福桥横跨府河上，桥上常有贩夫走卒，推车抬轿下苦力之人在此歇脚、打尖。光顾"陈兴盛饭铺"的主要是挑油的脚夫。这些人经常是买点豆腐、牛肉。再从油篓子里舀些菜油要求老板娘代为加工。老板娘对烹制豆腐有了一套独特的烹饪技巧，做出的豆腐色味俱全，吃过的人没有不翘大拇指的。

有一些食客在饱饭之后，就拿老板娘开玩笑寻开心。有人看到老板娘脸上略有几个麻点，绰号"陈麻婆"，就将这道菜称为"陈麻婆豆腐"。后来这个称呼传开了，老板娘索性将饭铺改为"陈麻婆豆腐"。

"麻婆豆腐"手艺一直流传下去，竟成为四川具有代表性的名菜。据《成都通览》记载，"陈麻婆豆腐"在清朝末年就被列为成都著名的食品了。

"佛跳墙"怎么成菜名了？

"佛跳墙"，听起来很奇怪，怎么也不像是菜的名字，可它偏偏就是美味佳肴，奇怪不？

"佛跳墙"原名"福寿全"，是福建的传统名菜，至今已有百余年的历史。关于"佛跳墙"的来历，在福州民间有几种传说：

在清朝同治末年，福州官钱庄一位官员设家宴请福建布政司周莲，他的绍兴籍夫人亲自下厨做了一道菜，名叫"福寿全"，内有鸡、鸭、肉和几种海产，一并放在盛绍兴酒的酒坛内煨制而成。周莲吃后赞不绝口，于是让自己的厨子郑春发来拜师学艺。郑春发又在用料上加以改革，多用海鲜，少用肉类，使菜越发荤香可口。

后来郑春发离开周莲衙府，集资经营聚春园菜馆，"福寿全"成了这家菜馆的主打菜，只因福州话"福寿全"与"佛跳墙"的发音相似，久而久之，"福寿全"就被"佛跳墙"取代了，也就形成了这么一个有趣的名字。

还有一种说法是，福建风俗，新媳妇出嫁后的第三天，要亲自下厨露一手茶饭手艺，让公婆品尝，以博得婆家人的好感。传说有一位大户人家的女孩，从小娇生惯养，根本不会做菜，临到出嫁了才知道着急。

她母亲便把家里的山珍海味都拿出来做成各式菜肴，一一用荷叶包好，告诉她如何烹煮。谁知这位小姐竟把烧制方法忘光，情急之下就把所有的菜一股脑儿倒进一个绍酒坛子里，盖上荷叶，摞在灶头。第二天早上，打开坛子，一股荤香弥漫全屋，全家人连连称赞，于是就有了"十八个菜一锅煮"的"佛跳墙"！

还有一个传说，一群乞丐每天提着陶钵瓦罐四处讨饭，把讨来的各种残羹剩菜倒在一起烧煮，热气腾腾，香味四溢。附近庙里的和尚闻到了香气，被引诱得口水直流，实在忍不住了，跳墙而出，同乞丐们一起吃起来。后来有人写诗说："坛启荤香飘十里，佛闻弃禅跳墙来。"于是产生了"佛跳墙"这个名字。

不管哪种传说，"佛跳墙"都成了一道美味，成为福建的招牌菜。

知识链接
"京八件"都指哪八样食品？

很多去北京旅游的人，都会买上一些北京传统小吃"京八件"带回去以馈亲友，"京八件"是指哪八种食品呢？

"京八件"是指八种形状、口味不同的京味糕点，是在宫廷糕点"大八件"的基础上发展而来的。传统的"大八件"是京味糕点的代表品种，是从清宫里传出来的著名糕点，原本是皇室贵族在重大节日典礼中要摆上餐桌的点心，也是他们之间互相馈赠的必不可少的礼品，不但用料考究，还蕴涵着儒雅的文化色彩和皇室的高贵气派。后来从宫廷传到民间，受到各界人士的钟爱，成为相当长一段时间内京城百姓礼尚往来的首选礼品。

传统的"大八件"共分以下八种：象征幸福的福字饼；象征高官厚禄的太师饼；象征长寿的寿桃饼；有方形带有双"囍"字的喜字饼；有象征财富的银锭饼；有谐音"吉庆有余"的鸡油饼；还有枣花饼，可能寓意年轻的夫妇早生贵子，而且要有男有女。

这八种食品分别象征福、禄、寿、喜、财、文等，所以称"大八件"。

"小八件"则是做成各种水果形状的糕点，有小桃，俗称寿桃；小杏，谐音幸运、幸福；小石榴，象征多子；小苹果，寓意平平安安；小核桃，寓意和和美美；小柿子，谐音事事如意；小橘子、枣方子等也各有寓意。"小八件"块儿小，重量比"大八件"要轻。此外，还有酒皮"细八件"，用料更讲究，做得更精细。

新开发的"京八件"，产品制作上在继承老北京民间糕点的基础上，又融合了西式糕点的制作工艺，选用了营养、绿色、健康的玫瑰豆沙、桂花山楂、奶油栗蓉、椒盐芝麻、核桃枣泥、红莲伍仁、枸杞豆蓉、杏仁香蓉等八种馅料，并配以植物油、蜂蜜等辅料。在造型上有寿桃形寓意祝寿，元宝形寓意财富，宫灯形寓意喜庆，如意形寓意吉祥如意等，分别代表"福、禄、寿、喜、富、贵、吉、祥"八种适合人们美好愿望的字符，寓意八项美好的祝愿。

所以，"京八件"不仅味道美，而且有很好寓意，因此受到人们的喜爱。

23 "太师椅"是专供太师坐的吗？从什么时候开始有这个名字的？

"太师椅"在旧时家具中比较常见，它是太师专用的吗？从什么时候开始有这一名称的？

要说"太师椅"，就要先提一下椅子的历史。东汉末年，从西域传入一种新式坐具，能折叠，便于携带，当时称胡床，后因隋炀帝忌"胡"，改称交床，后又演变为交椅。"太师椅"一词出现于北宋，有关太师椅名称的最早记载见于宋代张端义的《贵耳集》卷下："今之校椅，古之胡床也，自来只有栲栳样，宰执侍从皆用之。因秦师垣在国忌所偃仰，片时坠巾。京尹吴渊奉承时相，出意撰

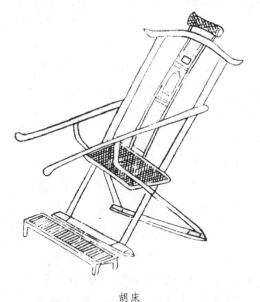

胡床

制荷叶托首四十柄,载赴国忌,所遣匠者顷刻添上。凡宰执侍从皆用之,遂号太师样。"

这里面所提的"秦师垣",就是当时任太师的大奸臣秦桧。文中记载说,秦桧坐在那里一仰头,无意中头巾坠落。吴渊看在眼里,便命人制做了一种荷叶托首,由工匠安在秦桧等人的椅圈上。太师椅就这样创造出来,"太师椅"的名称也流传下来了。当时的太师椅就是带有荷叶托首的圈椅。这种托首与现代汽车、飞机靠背椅上的头枕功能相近。

到明朝,"太师椅"的形状有所变化,椅形已不是指带荷叶托首的交椅了,而是把椅背、扶手呈圈的都称为太师椅。清代的"太师椅"进一步变化,把屏背式扶手椅称为太师椅,已经不是明朝时的圈椅了。

太师椅的变化,说明在历朝历代的发展中传统家具的变化,各个朝代都可以根据时代需要进行适当的改变。

紫檀南官帽椅

"八仙桌"是怎么来的？

八仙桌是指桌面四边长度相等的、桌面较宽的方桌,大方桌四边,每边可坐二人,四边围坐八人,所以百姓将其称为"八仙桌"。那么它是怎么得名的呢？这要同古代桌子的发展相联系起来。

远在有虞氏时代就有了几案类的家具,当时称为"俎",一般都是在祭祀时使用。"案"的名称在周代后期才出现,宋高承撰《事物纪原》卷八载:"有虞三代有俎而无案,战国始有其称。""桌子"的名称在五代时方才产生。

在辽金时代已经出现了八仙桌,到了明代,八仙桌的造型已基本完善,分为有束腰与无束腰两种形式,有束腰的工艺是,在桌面下部有一圈是收缩进去的,而无束腰的即四腿直接连着桌面。至清代时,八仙桌大部分改成带束腰的,腿有的也改成了三弯腿,牙板加了很多如拐子龙、浮雕吉祥图案等装饰性的部件,具有实用性与美观性并存的特点。明清时期,八仙桌已经很普及了,不论是官宦人家还是普通百姓,都将八仙桌作为很重要的家具摆设了。

为什么八仙桌能这么普及呢？

从结构和用途上讲,八仙桌都有很多优点。在大型家具中八仙桌的结构最简单,用料最经济,也是最实用的家具。其使用方便,形态方正,结体牢固。亲切、平和又不失大气,有极强的安定感,这也使得八仙桌成为上得大雅之堂的中堂家具。

另有许多民间传说"八仙桌"同"八仙"有关,均不可考。

24 贴春联将"福"字倒贴,有什么讲究吗？

每年春节,在贴春联时,很多人习惯将"福"字倒贴,取其寓意"福到了"之谐音。据《梦粱录》卷六"除夜"记载:"士庶家不论大小,俱洒扫门闾,去尘秽,净庭户,换门神,挂钟馗,钉桃符,贴春牌,祭祀祖宗。"这里所说的"贴春牌"就是写在红纸上的"福"字。这种习俗是怎么来的呢?

三头灶王年画

据说"福"字倒贴的习俗来自清代恭亲王府。一年春节前夕,大管家为讨主子欢心,照例写了许多个"福"字让人贴于库房和王府大门上,有个家人因不识字,误将大门上的"福"字贴倒了。为此,恭亲王福晋十分恼火,多亏大管家能言善辩,跪在地上奴颜婢膝地说:"奴才常听人说,恭亲王寿高福大造化大,如今大福真的到(倒)了,乃吉庆之兆。"福晋听了想,路上的行人都说恭亲王府福到(倒)了,这倒也比较不错,取其谐音还能有这样的吉兆,所以很满意,便重赏了管家和那个贴倒福的家人。后来人们每逢春节时都将"福"字倒贴,就是为了取这个吉利的谐音,久之就形成了一种风俗。

"福"字倒贴的风俗还有一个传说:

明太祖朱元璋为了排除异己,准备大开杀戒。支持皇帝的人家都要在门上贴一"福"字,以免误伤。好心的马皇后知道了消息,暗自传令,全城人家必须在天明之前都在自家门上贴上一个"福"字。

皇后的旨意传下后,城中每家都在门上贴了"福"字。其中有户人家不识字,竟把"福"字贴倒了。第二天,皇帝派人上街查看,发现家家都贴了"福"字,还有一家把"福"字贴倒了。皇帝听了禀报大怒,立即命令御林军把那家满门抄斩。

马皇后一看事情不好,忙对朱元璋说:"那家人知道您今日来访,故意把福字贴倒了,这不是'福到'的意思吗?"皇帝一听又转怒为喜,取消了这次杀戮。从此,人们每年春节都将"福"字倒贴,一求吉利,二为纪念马皇后。

不管是哪种传说,都是百姓在春节时所图的一个吉利口彩,表达了人们祈求幸福的美好心愿。

知识链接
中国结的来历

中国结作为一种民间手工编结装饰品,深受人们的喜爱。中国结的特点是,每一个结从头到尾用一根线编结而成,每个基本结又根据其形、意命名。它是从什么时候产生的呢?

中国结始于上古先民的结绳记事。据《周易·系辞》载:"上古结绳而治,后世圣人易之以书契。"东汉郑玄在《周易注》中道:"结绳为约,事大,大其绳;事小,小其绳。"这是中国结早期的雏形。

古代先民很久以前就学会了打结,而且"结"也一直在中国人的生活中占有举足轻重的地位。结之所以具有这样的重要性,原因之一是因为它是一种非常实用的技术,同时,它也是一门可供欣赏的艺术。

中国结

早在旧石器时代末期,也就是北京周口店的山顶洞人文化的遗址中,考古学家发现有"骨针"的存在,证明当时简单的结绳和缝纫技术应已具雏形。而在战国铜器上所见的数字符号上都还留有结绳的形状,由这些历史资料来看,绳结确实曾被用作辅助记忆的工具,也可说是文字的前身。

另外最早的衣服没有今天的钮扣、拉链等配件,所以若想把衣服系牢,就只能借助将衣带打结这个方法。古人有将玉佩等佩挂在身上的习惯,同心结、妇女装饰、日常生活中的大小用品如轿子、窗帘、帐钩、肩坠、笛箫、香袋、发簪、项链、眼镜袋、烟袋等,下方常编有美观的装饰结,这些结常有吉祥的寓意。

它作为一种装饰艺术始于唐宋时期。到了明清时期,人们开始给结命名,为它赋予了丰富的内涵,例如,如意结代表吉祥如意;双鱼结代表吉庆有余等,结艺在那时达到鼎盛。

现在中国结仍然在人们的生活中得到广泛的应用,红红的中国结,不但象征着喜庆如意,还浓缩了浓厚的中国传统文化于其中。

25 本命年为什么要戴红?

"本命年"禁忌,在民间有着广泛的影响,民间有在本命年挂红辟邪躲灾的传统。中国人以十二属相为一个周期,当第二次轮回到本人属相时,就认为是"本命年",需要穿红衣服、红袜子、系红腰带,认为这样能逢凶化吉,能够给人带来好运。这种传统习俗是怎么形成的呢?

本命年的红色讲究应该是源于中国汉民族传统文化对于红色的崇拜。红色辟邪、红色吉祥,这种观念早在原始社会就已经存在,红色是太阳的颜色,是血的颜色,是火的颜色。随着时代的变迁,这种尚红思想却没有变,新年贴红对联,汉族的旧式婚礼中新婚的红嫁衣、红盖头、红蜡烛,新科的红榜等等,不论何时何地,人们都要用红色来增添喜庆。

汉民族把红色视为喜庆、成功、忠勇和正义的象征,尤其认为红色有驱邪护身的作用。因此每逢到本命年,人们便早早地穿上红色内衣,或系上红色腰带,有的随身佩带的饰物也用红丝绳系挂,认为这样才能趋吉避凶,消灾免祸。这种传统反映了人们对美好生活的向往与祈祷。

知识链接

本命年是怎么来的？

本命年就是十二年一遇的农历属相所在的年份,俗称属相年。在传统习俗中,本命年常常被认为是一个不吉利的年份,民间通常把"本命年"也叫做"槛儿年",意思就是所度过本命年如同迈进一道槛儿一样。每到本命年时,汉族北方各地,不论大人小孩都要买红腰带系上,俗称"扎红",小孩还要穿红背心、红裤衩,认为这样才能趋吉避凶、消灾免祸。这种习俗到今天仍在各地流行,每逢春节,市场上到处有出售"吉祥带""吉祥结"的红黄绸带,本命年的人们将之系在腰间、手腕上,据说这样便可消解灾祸、化凶为吉。

"本命年"有着悠久的历史传统,可以追溯到西汉时期。这种传统起源于中国的十二生肖和"崇红"心理。在中国古代,人们是用甲乙丙丁子丑寅卯等天干地支的组合来记住所生的年份,为了便于记忆和推算,人们就采用鼠、牛等十二种动物来与十二地支相对应的方法,每年用其中的一种动物来作为这一年的属相。而汉民族的本命年就是按照十二生肖属相循环往复推出来的,它与十二生肖紧密相连。一个人出生的那年是农历什么年,那么以后每到这一属相年便是此人的本命年,由于十二生肖的循环往复,每过十二年,人们就要遇到自己的本命年。

古人的生活条件和医疗条件远不如今人,所以平均寿命要短得多。这样,人们每度过十二年,就认为已经是一个轮回了,是又一个巨大的成就。再加上前面所提的对红色的崇拜心理,因此形成了对本命年的重视。

26 打败仗为什么叫"败北"？它与北方有关系吗？

两军打仗,输了的一方被称为"败北";运动场上比赛,负方也是"败北"，是否失败者都向北方逃走呢？还是只有向北方逃跑的才叫"败北"呢？

其实这里的"北"并不是指方向而言。因为打了败仗逃跑时任何方向都是可能的，慌不择路，哪里还来得及找方向。但为什么只有"败北"一词，而没有"败南""败东""败西"的说法呢？

这个"北"字很像两个人背靠背之形，一个向左，一个向右，这个"北"字即古之"背"字，"背"字是后人为它加上肉旁而成的。"北"即为背，"败北"就是背敌而逃，逃的方向不管是东、是南、是西，都叫"败北"。当两军相接时，是正面相向的，激战之后，败方撤退，转身逃跑，就成了背向敌方，这就是"败北"了。胜方朝着败军背后衔尾穷追，这就是"追奔逐北"，逐其背也。

这样看来，"败北"一词同北方根本就没什么关系。

知识链接
在中国"东西南北"除了方位之外，是怎样表示尊卑关系的？

东西南北是用来指示方向的，但古人还赋予了其他的含义，在日常生活中随处可见。

古代把南视为至尊，而把北象征为失败、臣服。宫殿和庙宇都面朝正南，帝王的座位都是座北朝南，当上皇帝称"南面称君"；打了败仗、臣服他人称"北面称臣"。

除了南尊北卑之外，在东西方向上，古人还以东为首，以西为次。皇后和妃子们的住处分为东宫、西宫，而以东宫为大为正，西宫为次为从；供奉祖宗牌位的太庙，要建在皇宫的东侧。现代汉语中的"东家""房东"等也由此而来。比如正房的开间一般为三间，中间一间为祖堂，东侧的次间往往住祖父母，西侧的次间住父母，而且老房子正房左边（东边）的次间、稍间比右边（西边）的略大，这是受"左为上"传统习俗影响的结果。旧时人们有尊左的习俗，我们常说的"左祖右庙""文左武右""男左女右"都是尊左的反映。

古代皇帝是至尊，他面南背北而座，其左侧是东方。因此就在崇尚东方的同时，"左"也随着高贵起来。三国时期的东吴占据江东，也称江左。文左武右的仪制，男左女右的观念等，都是尊左的反映，有些习俗甚至延续至今。

所以说，简单的几个指示方位的名词，承载了如此多的社会信息之后，就变得复杂起来了。

27 经常在影视剧中看到县太爷审案时拍惊堂木，除了县太爷外，还有什么人可以使用惊堂木？

在影视剧中经常可以看到，县太爷在审理案件时，手里拿一块小木板击桌案，三班衙役大呼"威武——"，气势吓人，威严得不得了。这块小木板通称"惊堂木"。那么，惊堂木是怎么来的？除了县太爷之外，别人还可以使用吗？

据考证，我国历史上开始使用惊堂木的朝代大约在春秋战国时期，各级官府都可以在开庭时使用惊堂木。唐代之前，"惊堂木"并无图案，只是为方便起见，将其顶面刻成弧形而已。唐太宗时期，开始有人为了美观，在惊堂木上雕刻动物图案，有龙、虎、狮等，不一而足。武则天时，朝廷把惊堂木图案规定为龙形，取龙乃皇权之象征意。宋代为卧龙，张牙舞爪；元代刻三爪或四爪龙形；明代龙形略有变化，嘴凸头大，颈粗身肥，刻有五爪，且头上有角。到了清朝康熙年间，又将惊堂木上的龙形统一修改，使之嘴缩身瘦，看起来就像一条小蛇。

惊堂木是统治权威的象征，其选料极为讲究，多以红木中的黄花梨、酸枝木、鸡翅木、紫檀等高档的木材制作，这些木材质地坚硬，纹理细腻，用以敲击桌案时声音响亮，其体积一般以手能握住为宜。

僧道使用的惊堂木

在古代，惊堂木并不限于法官使用，上迄皇帝下至艺人都有使用，身份不同，称呼也不相同。皇帝使用的惊堂木称作"龙胆"，亦称"震山河"，意思是皇帝一拍四海皆闻，以显示至高无上的权力；后妃使用的称作"凤翥"，也称"凤霞"；丞相使用的称作"运筹"，亦称"佐朝纲"，用以显示身份；将帅使用的为"虎威"，还被称为"惊虎胆"，用以震军威；县官使用的称为"惊堂"或"惊堂木"；僧道使用的为"振垃""戒规""醒木""驱邪""含牌"，用以醒神；教书先生使用的称为"醒误"亦称"呼尺"，用以维持课堂纪律；当铺使用的称作"唤作"；药铺、医生使用的称作"慎沉""审慎"；客栈柜房使用的叫做"镇静"；说书艺人使用的除了叫"醒木"外，还称其为"过板石""拎儿"，或叫"止语"，开讲前一拍意在告诉听众注意，说书马上开篇。

所以说，惊堂木这东西，并不是县太爷的专利，很多人可以使用，但称呼上则不尽相同了。

知识链接

古代说书人表演时依据的文字底本，为什么叫做"话本"？

提起评书这门艺术大家都非常熟悉，其实古代也有评书，当时叫"说话"。而"话本"最早是指宋代"说话"（说书）人的底本，也称为"话文"或简称"话"。"说话"就是讲故事，类似现代的说书。随着宋代城市经济的发展，城市居民的结构也发生了变化，不仅有众多的官吏和士兵，还聚集着大量的商人和工匠，形成了一个新的市民阶层。各种民间伎艺都向城市汇合，以适应新的城市居民的文化需要。

北宋东京、南宋临安等大城市里，有着数十座称为"瓦舍"或"瓦子"的综合性的游艺场，每座"瓦舍"中，又有若干座"勾栏"（类似后代的戏院），分别上演杂剧、诸宫调和"说话"等各种伎艺。南宋时，"说话"通常分为"小说"、说经、讲史和合生四家。"小说"又称"银字儿"，专讲短篇故事，题材非常广泛，举凡爱情、公案、神怪，以及历史故事等，几乎无所不包。而表演者一般需要一个底本，类似题纲之类的，这就是"话本"。

"话本"的作者几乎都是无名氏，创作后又经不断补充润饰，多数经过文人加工。"话本"的语言以白话为主，融合部分文言，中间穿插一些古典诗词。作为一种新的文学体裁，语言生动，富于表演力，作品的主角多为手工业者、妇女、市井商人等，为新兴的市民阶层所喜闻乐见，对后代的通俗文学和戏剧、曲艺等产生了很大的影响。

"禅让"是指什么？与和尚有关吗？

"禅让"是原始社会末期推选部落首领的制度，跟和尚是风马牛不相及的两件事。

这个制度是远古时期，在盛传比较民主的尧、舜、禹做部落首领的时候。他们三个次第做部落首领的事情，被后世津津乐道。

据传尧当上部落联盟的首领，老百姓非常拥护他，如爱"父母日月"一般。相传尧年老的时候，他的儿子丹朱很粗野，好闹事。有人推荐丹朱继位，尧不同意。举行部落联盟议事会，各部落领袖都推举舜为继承人。尧便对舜进行了三年考核，认为他可以胜任，并把自己的两个女儿娥皇、女英嫁给舜，将帝位禅让给舜。

舜，号有虞氏，传说是颛顼的七世孙，距黄帝九世，生于诸冯（在今山东省境内）。舜接位后，亲自耕田、打渔、制陶，深受大家爱戴。舜年老的时候，也仿照尧的样子召开继位人选会议，民主讨论。大家推举禹来做继承人。经过治水考验，禹在舜死后便成为首领。舜到晚年身体不好，依旧到南方各地去巡视，竟病死在苍梧（今湖南境内）的途中。

禹死后，他的儿子启以父传子的方式继承了王位，以后历代

59

相沿，禅让制也就被废除了。这种经过民主方式推选首领的方法，反映了中国原始社会末期的民主制度。

知识链接
为什么鲧治水失败而大禹却成功了？

夏禹王像

大禹治水的故事千古流传，他的父亲鲧也曾治过水，不过却失败了，被处死。父子二人的结局为什么相差这么远呢？

远古时候，洪水泛滥，百姓深受其害。尧在位的时候，黄河流域发生了很大的水灾，很难治理。尧召开部落联盟会议，商量治水的问题。四方部落首领们都推荐鲧。尧就派鲧带人去治水。鲧花了九年时间治水，没有把洪水制服。因为他只懂得水来土掩，造堤筑坝，结果洪水冲塌了堤坝，水灾反而闹得更凶了。

舜接替尧当部落联盟首领以后，亲自到治水的地方去考察。他发现鲧办事不力，就把鲧杀了，又让鲧的儿子禹去治水。

禹相传生于西羌（今甘肃、宁夏、内蒙南部一带），后随父迁徙于崇（今河南登封附近）。禹新婚不久，为了治水，到处奔波，多次经过自己的家门，都没有进去。

禹改变了他父亲的做法，用开渠排水、疏通河道的办法，把洪水引到大海中去。他和老百姓一起劳动，戴着箬帽，拿着锹子，带头挖土、挑土，累得磨光了小腿上的毛。经过十三年的努力，终于把洪水引到大海里去，地面上又可以供人种庄稼了。

大禹因治水有功，被大家推举为舜的助手。过了十七年，舜死后，他继任部落联盟首领。

鲧和禹治水的不同方法告诉我们，凡事用疏导的办法是可以解决的，用堵的办法，只能堵一时，不是长久之计。

29

古代处决犯人为什么要"秋后问斩"?

古代处决犯人时一般都是"秋后问斩",这有什么说道吗?为什么不在其他的季节执行死刑呢?

古代执行死刑一般是在秋冬季节,这与古人的自然神权观念有关,即顺应天意。春夏是万物生长的季节,而秋冬是树木凋零的季节,象征肃杀。人的行为包括政治活动都要顺应天时,否则要受到天神的惩罚。因此执行死刑也是选在肃杀的季节里,认为万物都在这个季节面临死亡,所以处死犯人也是顺应了天意。

明刊本《窦娥冤》插图

到汉朝时,将死刑的执行以及重要的诉讼活动限制在秋季和冬季举行,不仅仅是一种观念,而且已经被人们普遍接受了。所以在影视剧或者小说中我们经常看到,对死刑犯人宣判之后,都加上一句:"秋后问斩。"

另外,除了春季与夏季禁止行刑之外,从汉代开始,就禁止在夏至和冬至时执行刑罚,尤其是冬至禁止行刑。当然,汉朝政府并没有明确宣布禁止在夏至与冬至这两天行刑,但夏至与冬至这两天在中国人眼中具有极其重要的意义,因为在这两天中,"阴"(冷、黑暗)与"阳"(热、光明)互相转化。为了避免对宇宙秩序的转化形成某种干扰,在夏至与冬至的前后数天内,政府活动应暂时停止，而执行死刑的活动当然包括在其中了。

"秋后问斩"也决不是一成不变的，特例会很多很多，因为不同朝代，对不同的犯人，由于不同的原因，随时处死犯人的情况都会发生。

知识链接
中国古代执行死刑除了斩首之外，还有哪些方式？

中国古代在执行死刑时，除了常用的斩首之外，还有很多种刑罚，常见的有如下几种：

1. 绞刑。绞刑有好几种，有的是吊死，有的是勒死，大多数是用绳索或类似的东西来阻止人的呼吸，让其窒息而死。中国古代的绞刑，以勒死为多。按中国传统，绞刑相对斩刑，不流血，能保持尸体完整，明显是一种优惠待遇。同样是死刑，绞刑的处罚要轻一点。

2. 毒药。毒药因为其隐蔽性，经常被用在暗杀或自杀的场合，如果用它来执行死刑，应该说比绞刑更体面也更人道些，在中国，一般都是皇帝赐死才使用。

3. 溺刑。指把人抛进水里淹死，一方面这么做简单易行，另一方面，许多民族都认为水能洗涤人的罪恶，所以这种刑罚在世界各地都有记载。

4. 活埋。在中国古代，活埋的名称是"坑"。活埋，就是把活人埋葬在土里，使人窒息而死。

5. 饿死。把人活活饿死，最早是在原始社会，人们把失去劳动能力的老人或无力抚养的小孩抛弃在野外。在中国古代，饿死往往也是一种"仁慈"，例如武则天的女婿薛绍家族参与了反对女皇的密谋，结果全家都被处以这种刑罚。被当作刑罚来实施的饿死常常使用在贵族身上，史书上多有记载。

6. 钝击。任何一种有点分量的钝器打击都可能致死，例如皮鞭、棍棒、铁锤、石头，还有犯人自身的体重。中国古代一般把用鞭子、棍棒之类把人活活打死的刑法叫做"扑杀"，有时把人高高举起后摔在地上摔死也叫"扑杀"。

7. 肢解。肢解的俗称就是大卸八块。古代欧洲常有把犯人的头和手脚剁下拿到各处去示众，秦始皇曾把二十七个劝阻他囚禁太后的人砍断四肢，扔在阙下。古代还有一种肢解方法是车裂，也叫五马分尸。

8. 凌迟。凌迟是辽开始正式写进法律的。

30 "凌迟"是一种什么样的刑罚？

"凌迟"也称"陵迟"，即民间所说的"千刀万剐"。凌迟的本意并不是刑罚，而是指山陵的坡度是慢慢降低的，转到执行死刑方面，则是指处死人时将人身上的肉一刀刀割去，使受刑人痛苦地慢慢死去。

凌迟刑最早出现在五代时期，正式定为刑名是在辽，在此之前，唐朝就屡有剐的记录，《宋史》刑法志上说：凌迟是"先断其肢体，乃绝其亢。""亢"是指咽喉，这样看来宋朝的凌迟是一种肢解刑，而不是脔割。此后，金、元、明、清都规定为法定刑，是最残忍的一种死刑。这种刑法主要用于处罚那些"十恶"中的一些犯罪，如谋反、大逆等。但后来为了镇压农民反抗，对于不按时交纳赋税的也要处以凌迟刑，这在明太祖时期尤为突出。到了清朝乾隆时期，如果打骂父母或公婆、儿子杀父亲、妻子杀丈夫，也是触犯伦理道德的重罪，要处凌迟刑。

凌迟刑的处刑方式很残忍，一般记述是说将人身上的肉一块块割下来。而历代行刑方法也有区别，一般是切八刀，先切头面，然后是手足，再是胸腹，最后枭首。但实际上比八刀要多，清朝就有二十四刀、三十六刀、七十二刀和一百二十刀的几类。二十四刀是：一、二刀切双眉，三、四刀切双肩，五、六刀切双乳，七、八刀切双手和两肘间，九、十刀切去两肘和两肩之间部分，十一、十二刀切去两腿的肉，十三、十四刀切两腿肚，十五刀刺心脏，十

六刀切头，十七、十八刀切双手，十九、二十刀切两腕，二十一、二十二刀切双脚，二十三、二十刀四切两腿。实际执行时，还有更多的，最多的是明朝作恶多端的太监刘瑾被割了三天，共四千七百刀。

凌迟之刑一直延续到清末。戊戌变法后，朝廷被迫作出一些政策改变。光绪三十一年（1905），下令将凌迟和枭首、戮尸等法"永远删除，俱改斩决"。从此，凌迟才被斩首代替了。

知识链接
"宫刑"是什么样的刑罚？

《史记》的作者司马迁遭受了"宫刑"，使这种刑罚千百年来被人们所牢牢记住。那么宫刑到底是一种什么样的刑罚呢？

宫刑是古代非常严厉的一种刑罚。"宫"，即"丈夫割其势，女子闭于宫"，就是阉割男子生殖器、破坏女子生殖机能的一种肉刑。宫刑又称"蚕室""腐刑""阴刑"和"椓刑"，有它独特的注解。

所谓"蚕室"，就是说，一般人在受宫刑以后，因创口极易感染中风，如果想要保住性命，就要留在像蚕室一般的密室中，在不见风与阳光的环境里蹲上百日，创口才能愈合；又称"腐刑"，这是因为，对受害者来说，不但肉体痛苦，而且心灵受辱，从此像一株腐朽之木，有杆但不结实；又称"阴刑"，是指对男子或女子的阴处施刑；称为"椓刑"，见于《尚书·吕刑篇》，"椓"据《说文》释是以棍击伐之意，据史料记载，古代有椓窍之法，就是指用木棍敲击女性下身，以破坏其生育机能。

宫刑在中国历史上早已有之。在《尚书》中有几处提到了五刑和宫刑，据说宫刑至少在夏禹以前就已出现。周朝时将受了宫刑的男子称为"寺人"。"寺"字为"士"与"寸"二字构成，古文字中"士"是男性生殖器的象形字，"寸"像一只手拿着一把小刀，"士""寸"合在一起就是用刀割去男性生殖器。男子受宫刑，一般理解是将阴茎连根割去，但据古籍记载，也有破坏阴囊与睾丸者。

宫刑最初的作用是为了惩罚男女之间不正当的性关系，后来对一些罪责比较大的犯人也使用宫刑。

31

中国古代有女将军吗？

提到历史上的巾帼英雄，读者首先会想到替父从军的花木兰，会想到戏剧中的杨门女将。其实中国历史上正式被当朝皇帝册封为女将军的，只有秦良玉一位。

秦良玉，字贞素，明万历二年（1574）出生于四川忠州（现重庆市忠县）鸣玉溪。秦良玉是一位苗族姑娘，从小受父亲的影响，具有爱国热情。秦良玉是家中唯一的女孩，父亲尤其钟爱她，鼓励她习武，以免在兵火战乱中受欺凌。

《明熹宗实录》中有关秦良玉的记载

万历二十七年（1599）播州（今贵州遵义）宣慰使杨应龙作乱。次年二月朝廷集结重兵，围剿叛军，马千乘亦率五百精兵跟随，秦良玉参加了这支军队。在平叛战争中，秦良玉初露锋芒，取得了很突出的战功。

万历四十一年（1613）马千乘被太监邱乘云诬陷，冤死云阳狱中，朝廷因秦良玉屡立战功，于是命令她代为石柱宣抚使。从此秦良玉开始了戎马生涯，南征北战，威名远播。

明朝末年，秦良玉力保朝廷，在抗击清兵入侵中屡立战功，曾经收复永平、遵化等四城，解除了清兵对北京的威胁。崇祯皇

65

帝派特使表彰她,并在平台召见了她,亲自赋诗赠给她:"蜀锦征袍手剪成,桃花马上请长缨。世间多少奇男子,谁肯沙场万里行?"

在古代,有很多女英雄豪杰,她们或在抗击外敌入侵时战功彪著,或在反抗压迫时建立奇勋,但都没有正式的成为将军,秦良玉是唯一一位经过册封的巾帼不让须眉的女将军。

知识链接
古代皇宫中除了妃子、宫女之外,还有女官吗?

古代皇宫中除了皇后、妃嫔外,后宫还有专门照顾皇帝、皇后日常生活以及从事后宫的管理等工作的女官和宫女。

上官婉儿,唐中宗时拜为昭容

最早有关女官的记载是《周礼·天官》,后宫中除了后与夫人外,其他九嫔以下既是王的嫔妾,也是执掌各方面的女官。这些女官各有分工,执掌不同的事务。另外,在宫内的服务机构中,在宦官的领导下,还有女酒、女浆、女醢、女笾、女醯、女盐、女幂等,这些都是从事具体工作的宫中最低级的宫职人员了。

北魏孝文帝时才将宫中女官与嫔妃等分开,各立系统。女官主管宫中具体事务,其职秩与外官相对。最高领导人内司,官比尚书令,女官因官职不同,各有品级。

隋文帝时,置六尚、六司、六典,以掌后宫掖廷事务。隋炀帝加以改制,后宫官职与外廷尚书省相类似,设六尚局管二十四司,各按品级设定官员,执掌后宫中的各种事务。

唐承隋制,也设六尚二十四司,职事和品位与隋基本相同。

唐还设宫正和彤史以掌戒纠谪罚和记录功过事宜。五代后唐也设女官，并都封为国夫人或郡夫人等。

明代洪武年间，后宫也有与唐制相同的女官制度，但永乐之后，宫职归于宦者，所存只有尚宫四司而已。

这些女官虽有品位，但从根本上说仍只是皇帝的女婢。她们也只是在深宫之中另有小社会而已，不能从根本上改变自己的命运。

32 "皇帝"这一名称是怎么确定的？

皇帝在中国存在了两千多年，对中国历史的影响非常深远。其实中国古代最早所称的"皇帝"是对"三皇五帝"的统称。"三皇"是指传说中的三个古代帝王——天皇、地皇和人皇；"帝"原来指宇宙万物至高无上的主宰者——天帝，战国时期许多诸侯国相互混战，各自称帝，出现西帝、东帝、中帝、北帝等，使天上的"帝"来到人间，成为超越"王"的人间尊号。也有一种说法是将原始部落时期的黄帝、炎帝、蚩尤等称为"帝"的。

三皇圣祖

历史上把君主称为"皇帝"是从秦始皇开始的。在此之前，中国的最高统治者称"王"或单称"皇"和"帝"，如周文王、周武王、"三皇"、"五帝"等。春秋战国时期，周王室衰微，诸侯争霸，一些国力强大的诸侯国的国君也自称为王，如秦王、楚王、齐王、

秦始皇像

赵王、燕王等。公元前 221 年，秦王嬴政灭掉六国，统一天下。嬴政自认为这是亘古未有的功业，甚至连"三皇五帝"的功绩也比不上他，如果不改变"王"的称号，不足以显示自己的丰功伟绩，传扬于后世，于是让李斯等人研究一下怎么才能改变自己的称号，以显示自己名垂青史的伟大业绩。

李斯等人商议后报告秦王说，上古有天皇、地皇、泰皇，泰皇最贵，可改"王"为"泰皇"。秦王反复考虑，认为自己"德高三皇，功过五帝"，决定兼采"帝"号，称为"皇帝"，以显示自己的尊贵。就这样，嬴政被称为"秦始皇帝"，通称"秦始皇"。"皇帝"这一名称也被固定下来，一直使用了两千多年。

知识链接

皇帝的正妻称"皇后"，这一名称是怎么确定的呢？

在中国古代宫廷里，皇帝拥有后宫三千佳丽，在众多妻妾中，皇帝的正妻称为"皇后"，也简称为"后"；而尊称皇帝的母亲为"皇太后"；皇帝的祖母则尊为"太皇太后"。皇后母仪天下，同时替皇帝执掌后宫的事务。可是，为什么称皇帝之妻为"后"呢？

"后"原为君主之意。在《诗经》上载："商之先后，受命不殆，在武丁孙子。"郑玄就注释为："后，君也。"如大禹的儿子启称为"夏后氏"，还有传说中射日的"后羿"也是一种尊称。

在甲骨文里，"后"字在左下方是一口字，右上方是一拢起的手，但自金文将字型做了一百八十度的转动，拢起的手移到左上方，就成了今天通用的字型。《说文解字》上载："后，继体君也,像人之形,施以告四方,发号者,君后也。"因为在上古氏族部落中,一般发号施令者为女性的权威,所以"后"的意思为有权威的女性长辈。在甲骨文的卜辞中,"后"还经常被用来代指氏族中的女性首领。所以,也因而引申为帝王的正妻等涵义。

在周朝以前,天子的妻皆称为"妃",周朝开始则称为"后"。如《礼记·曲礼下》:"天子之妃曰后。"到了秦始皇统一六国之后,改天子为皇帝,并制定了皇帝的正妻为皇后的后妃制度。不过较完备的后妃制度和等级划分直到汉朝才实际执行。《汉书》卷一记载:"尊王后曰皇后,太子曰皇太子。"还有《三国志·魏书·后妃传》中有:"太祖建国,始命王后,其下五等:有夫人,有昭仪,有婕妤,有容华,有美人。"所以后世就将"后"作为皇帝正妻的专称了。

33 唐玄宗为什么又称"唐明皇"?

唐玄宗李隆基是唐代的中兴君主,睿宗的第三子。他的母

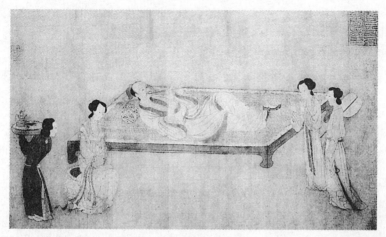

唐明皇合乐图

亲是昭成窦皇后（窦德妃）。李隆基与太平公主合谋发动政变，杀死韦皇后，拥其父李旦即位，李隆基被立为太子。延和元年（712），李隆基受禅即位，改年开元。

从公元712年至756年，李隆基在位四十四年。早年的时候比较励精图治，开元时期社会安定，政治清明，经济空前繁荣，唐朝进入鼎盛时期，后人称这一时期为"开元盛世"，以媲美唐太宗时的"贞观之治"。

唐玄宗后期，贪图享乐，再也没有青年时期励精图治的雄心了，宠信并重用李林甫等奸臣，对国家军政大事疏于查勘，终于导致"安史之乱"发生，唐朝开始衰落。

"安史之乱"爆发后，唐玄宗仓皇出逃四川，军马行至马嵬驿时，将士们发生哗变，不肯继续前行，将士们说杨国忠私通胡人，才造成安禄山的叛乱，要求玄宗杀掉杨国忠。在杨国忠被处死后，大家说杨国忠为贵妃堂兄，堂兄被处死，堂妹仍然会作乱朝廷，要求处死贵妃娘娘。玄宗无奈，最后贵妃亦被缢死。

玄宗逃到四川后，肃宗即位于灵武，玄宗被尊为太上皇。因谥号为"至道大圣大明孝皇帝"，所以也称为"明皇"。

知识链接
杨贵妃为什么又叫"太真"？

杨贵妃与西施、王昭君、貂蝉并称为中国古代四大美女。在四个人中，又以杨贵妃的身世最具传奇性。

杨贵妃闺名杨玉环，唐代蒲州永乐（今山西永济）人。开元二十二年（733），唐玄宗的女儿咸宜公主在洛阳举行婚礼，杨玉环也应邀参加。咸宜公主之胞弟寿王李瑁对杨玉环一见钟情，唐玄宗在武惠妃的要求下当年就下诏册立她为寿王妃。婚后，两人感情很是恩爱。

唐玄宗看上杨玉环时，她已经和寿王李瑁结婚五年了。但玄宗皇帝要夺这个儿媳妇。为了掩人耳目，唐玄宗进行了很多欲盖弥彰的工作，先是打着孝顺的旗号，下诏令她出家做女道士，说是要为自己的母亲窦太后荐福，并赐道号"太真"，让杨玉环搬出寿王府，住太真宫。这样做也是为避人耳目，方便他们偷情。这也是杨贵妃又称"太真"的缘由。

五年之后，玄宗先是为寿王李瑁娶韦昭训的女儿为妃，紧接着就迫不及待地将杨氏迎回宫里，并正式册封为贵妃。杨玉环从此才正式成为了"杨贵妃"，也开始了她传奇的经历。

贵妃出浴图

34 为什么形容形势危急时说"四面楚歌"？

"四面楚歌"比喻陷入四面受敌、孤立无援的境地。这个成语同秦末刘邦和项羽的"楚汉战争"有关。司马迁《史记·项羽本纪》记载："项王军壁垓下，兵少食尽，汉军及诸侯兵围之数重。夜闻汉军四面皆楚歌，项王乃大惊，曰：'汉皆已得楚乎？是何楚人之多也？'"

项羽和刘邦原来约定以鸿沟（在今河南贾鲁河东）东西边作为界限，互不侵犯。后来刘邦听从张良和陈平的建议，决定彻底消灭项羽的部队，同时派遣韩信、彭越、刘贾等率军，将正在向东开往彭城（即今江苏徐州）的项羽部队赶进包围圈，把项羽紧紧围在垓下（在今安徽灵璧县东南）。

这时，项羽手下的兵士已经很少，粮食又没有了。夜里听见四面围住他的军队都唱起楚地的民歌，不禁非常吃惊地说："刘邦已经得到了楚地了吗？为什么他的部队里面楚人这么多呢？"

问吧
六

说着，心里已丧失了斗志，便从床上爬起来，在营帐里喝酒，自己写了一首诗，诗曰："力拔山兮气盖世，时不利兮骓不逝，骓不逝兮可奈何？虞兮虞兮奈若何！"并和他最宠爱的妃子虞姬一同唱歌。虞姬自刎于项羽的马前，项羽带了仅剩兵卒逃至乌江边，最终自刎于江边。

后来从这个故事里，演化出用"四面楚歌"这个成语，形容因为某种原因而局势不利，最终陷于孤立窘迫的境地。

知识链接
为什么"鸿门宴"不可轻赴？

提到"鸿门宴"，这是不可轻易去赴的宴会，其中暗藏着殊死斗争。

鸿门宴

秦朝末年，刘邦与项羽各自攻打秦朝的部队，刘邦的兵力比不上项羽，但却先攻破了咸阳。项羽进入咸阳后，而刘邦则在霸上驻军。刘邦的左司马曹无伤派人在项羽面前说刘邦打算在关中称王，项羽听后非常愤怒，准备消灭刘邦的军队。

刘邦得知此事后，非常恐惧，决定第二天亲自到项羽营中请罪，化解双方矛盾。在鸿门宴上，表面上虽然很和气，但却暗藏杀机。项羽的谋士范增一直主张杀掉刘邦，在酒宴上，一再示意项羽发令，但项羽却犹豫不决。范增于是派项庄去舞剑，想趁机杀掉刘邦。项伯为了保护刘邦，也拔剑起舞，掩护了刘邦。

在危急的关头，刘邦部下樊哙带剑拥盾闯入帐中。项羽见此人气度不凡，于是赐酒肉，樊哙还乘机说了一通刘邦的好话，项羽无言以对。刘邦乘机借口上厕所，悄悄地逃走了。项羽想起来追杀刘邦时，已经来不及了。因为这次项羽的优柔寡断，使刘邦逃脱，最后整顿军队，打败项羽，成就了霸业。

在"鸿门宴"上，刘、项集团斗智斗勇，一场宴会，竟然是两个集团事业的转折点。整个宴会过程三起三落，惊心动魄，极具传奇色彩。从此，"鸿门宴"也成了暗藏杀机的代名词。

35 为什么用"两袖清风"来比喻官员清正廉洁？

"两袖清风"的意思是说两袖中除清风外，别无所有，比喻做官廉洁，也比喻穷得一无所有。这个成语的来历，同明朝的民族英雄于谦有关。

明朝正统年间，宦官王振以权谋私，每逢朝会，各地官僚为了讨好他，多献以珠宝白银。可是巡抚于谦每次进京奏事，总是不带任何礼品。他的同僚劝他说："你虽然不献金宝、攀求权贵，也应该带一些著名的土特产如线香、蘑菇、绢帕等物，送点人情呀！"于谦笑着举起两袖风趣地说："带有清风！"以示对那些阿谀奉承之贪官的嘲弄。并写了一首《入京诗》：

绢帕蘑菇与线香，本资民用反为殃。

清风两袖朝天去，免得闾阎话短长。

绢帕、蘑菇、线香都是他任职之地的特产。于谦在诗中说，这类东西，本是供人民享用的，只因官吏征调搜刮，反而成了百姓的祸殃了。他在诗中表明自己的态度：我晋京什么也不带，只有两袖清风朝见天子。诗中的"闾阎"是里弄、胡同的意思，引申为民间、老百姓。

"两袖清风"的成语从此便流传下来。人们经常用"两袖清风"一词来比喻为官廉洁，后来也有用这个成语形容一贫如洗的。

"要留清白在人间"的于谦为什么受后人尊敬？

于谦字廷益，号节庵，生于浙江钱塘（今杭州）。永乐十九年（1421）进士，曾先后任江西巡按、兵部右侍郎兼巡抚河南、山西等职。

于谦为人正直，反对官员贪污腐败，所以被很多奸臣记恨在心。蒙古瓦剌兵经常侵扰大明边境，于谦奏请严守边备。瓦剌军后来进攻大明，于谦与邝埜等极力谏阻英宗朱祁镇亲征，遭拒绝后受命协助郕王朱祁钰留守京师（今北京）。

"土木堡之战"中，英宗被俘，明军大败而归，瓦剌军乘机进攻京师。于谦力主抗战，反对迁都，同时发布命令调各地军队勤王。他的一系列举措稳定住了局势，增强了军队的战斗力，并得到监国朱祁钰（后为代宗）的支持，升任兵部尚书。于谦亲自督战，严饬军纪，激励将士，最终击退了瓦剌军，取得了京师保卫战的胜利。

于谦乘胜整顿兵备，镇守国内重要关隘，迫使瓦剌军首领也先于景泰元年释放了英宗。英宗复位后，于谦遭诬陷被处死，终年六十岁。家人都被充军边疆。一直到成化初，于谦才得以沉冤昭雪，万历中改谥忠肃。

于谦刚正不阿，曾经写《石灰吟》明志："千捶万凿出深山，烈火焚烧若等闲。碎骨粉身浑不怕，要留清白在人间。"作者直抒情怀，立志要做纯洁清白的人。全诗处处以石灰自喻，咏石灰即是咏自己磊落的襟怀和崇高的人格。所以于谦的高尚品格一直受到后人的敬仰。

36 "吴带当风"与"曹衣出水"是指什么？同服装有关吗？

"吴带当风"与"曹衣出水"是指中国古代两位出色的画家的

吴道子《天王送子图》（局部）

画所达到的高超境界。两种评价语还都与衣服有些关系呢！

"吴带当风"说的是吴道子。吴道子是唐代著名画家，被后世尊称为"画圣"，被民间画工尊为祖师。他是河南阳翟（今河南禹州）人，大约生于唐高宗朝（约685年左右），卒于唐肃宗朝（约758年左右）。吴道子活动的时代，正是唐代国势强盛，经济繁荣，文化艺术飞跃发展的时代。吴道子在这种环境的影响下，以杰出的天才，迅速成长起来。

吴道子吸收民间和外来画风，确立了新的民族风格，即世人所称的"吴家样"。就人物画来说，"吴装"画体以新的民族风格，照耀于画坛之上。他曾在长安、洛阳寺观中作佛教壁画四百余堵，情状各不相同；落笔或自臂起，或从足先，都能不失尺度。写佛像圆光，屋宇柱梁或弯弓挺刃，不用圆规矩尺，一笔挥就。他用状如兰叶，或状如莼菜的笔法来表现衣褶，有飘动之势，人称"吴带当风"。

"曹衣出水"又称"曹家样"，是由曹仲达创造的中国古代人物衣服褶纹画法之一。曹仲达，中国南北朝北齐画家。生卒年不详。来自中亚曹国（今乌兹别克斯坦撒马尔罕一带），曾任朝散大夫。擅画人物、肖像、佛教图像，尤精于外国佛像。

曹仲达继承了中原魏晋以来的汉族文化传统，掌握了绣罗人物的技巧，即一种工笔重彩所应用的粗细一致、细劲有力的线条，来画菩萨与佛像的衣饰，又带着明显的外来文化的色彩。我们可从北朝的石窟造像中看到"曹家样"画法的某些特点：一种宽袍大袖的服饰，"其势稠叠，衣服紧窄"，给人以薄衣贴体的美感，所以有"曹衣出水"之誉。

知识链接
"国画"是指什么画？它是如何发展的？

中国画在古代一般称之为"丹青"，主要指的是画在绢、宣纸、帛上并加以装裱的卷轴画。近现代以来为区别于西方输入的油画（又称西洋画）等外国绘画而称之为"中国画"，简称"国画"。它是用中国所独有的毛笔、水墨和颜料，依照长期形成的表现形式及艺术法则而创作出的绘画。

中国画历史悠久，远在两千多年前的战国时期就出现了画在丝织品上的绘画——帛画，这之前又有原始岩画和彩陶画。这些早期绘画奠定了后世中国画以线为主要造型手段的基础。

两汉和魏晋南北朝时期，社会由稳定统一到分裂的急剧变化，外来文化的进入使中国传统艺术发生改变，绘画形成以宗教绘画为主的局面，描绘本土历史人物、取材文学作品亦占一定比例，山水画、花鸟画亦在此时萌芽，为后世国画的发展奠定了很好的基础。

隋唐时期社会经济、文化高度繁荣，绘画也随之呈现出全面繁荣的局面。山水画、花鸟画已发展成熟，宗教画达到了顶峰；人物画以表现贵族生活为主，并出现了具有时代特征的人物造型。

五代两宋又进一步成熟和更加繁荣，人物画已转入描绘世俗生活，宗教画渐趋衰退，山水画、花鸟画跃居画坛主流。而文人画的出现及其在后世的发展，极大地丰富了中国画的创作观念和表现方法。

元、明、清三代水墨山水和写意花鸟得到突出发展，文人画成为中国画的主流，但其末流则走向因袭模仿，距离时代和生活愈去愈远。

37

"丞相""宰相"是一个官吗?

"丞相""宰相"都是中国古代的官名,大家耳熟能详。其实这两个官职有时是相同的,有时又并不一致。

丞相制度起源于战国时期。秦国从武王开始,设左、右丞相,但有时也设相邦,魏冉、吕不韦等都担任过这一职务。秦统一后只设左、右丞相。西汉初萧何曾任丞相,后迁为相国,后来曹参继任。惠帝、吕后到文帝初年,仍然设左、右丞相职位,以后只设一丞相。汉初各王国拟制中央,也在其封国中各设丞相,景帝中元五年(前145)改称为相。

丞相是封建官僚机构中的最高官职,是秉承君主旨意综理全国政务的人。有时称相国,简称"相"。如《陈涉世家》:"王侯将相宁有种乎?"杜甫诗《蜀相》:"丞相祠堂何处寻,锦官城外柏森森。"这些都是对丞相的指称。

"宰相"是我国历史上一个泛指的职官称号。宰相是国君之下辅助国君处理政务的最高官职。夏商是巫史,西周春秋是公卿,战国以后是宰相。"宰"是主宰、"相"是辅助的意思。商朝时为管理家务和奴隶之官,周朝有执掌国政的太宰,也有掌贵族家务的家宰、掌管一邑的邑宰,实已为官的通称。宰相联称,始见于《韩非子·显学》,但只有辽代以"宰相"为正式官名,其他各朝代所指官名与职权范围则各不相同,而且名目繁多,通常和"丞相"一词通用。

77

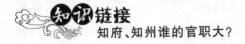
知识链接
知府、知州谁的官职大?

在影视剧中经常听到"知府""知州"这样的官名,那么这两个官是一样的吗?

"知府"即"太守",州郡最高行政长官。唐朝时以建都之地为府,以府尹为行政长官。宋升大郡为府,以朝臣充各府长官,称"以某官知(主管)某府事"简称"知府"。明以知府为正式官名,为府的行政长官,管辖所属州县。清沿明制不改。知府又尊称太守、太尊、府尊,亦称黄堂。

"知州"一词最早出现在宋代,宋太祖为了削弱节度使的权力,防止唐五代时期武人割据的局面重演,规定诸州刺史得直接向朝廷奏报和接受诏令,节度使不得干预除所驻州之外(所谓支郡)的政务。后来,逐步派遣京朝官(文臣)接替刺史管理州务,称"权知某某州军事"。"权"表示不是正式职务,只是代理;"知"就是管理的意思;"州军事"的"州"代表民政,"军"代表军政。简称"知州"。

元朝沿用宋朝制度,州的长官正式称为"知州",但是路、府、州均置达鲁花赤,专由蒙古人、色目人充,地位在知州上。

明以知州为一州之长,辖县;清有直隶州、散州之别,前者直隶于省,可以辖县,后者隶属于府、道,不辖县,长官均称知州。

38 伯夷、叔齐为什么会饿死?又为什么会被人尊敬?

说到伯夷和叔齐两个人,这是中国历史上比较独特的例子。因为饿死了,反而受到后世的景仰与尊敬,被人推崇备至。这是什么原因呢?这要从二人的经历谈起。

大约三千年前,在今秦皇岛一带有一个孤竹国。到了商朝后期,孤竹国的国君墨胎氏生了三个儿子,长子名允字公信,即伯夷。幼子名智字公达,即叔齐。孤竹君生前有意立叔齐为嗣子,继承国君的位置。

后来孤竹国君死了,按照当时的常礼,长子应该即位。但伯夷却认为应该尊重父亲的遗愿,立叔齐来做国君。于是他就放弃君位,逃到孤竹国外。大家又推举叔齐做国君。叔齐认为这样的话于兄弟不义,于礼制不合,也逃到孤竹国外,和他的长兄一起过流亡生活。在这两个继承人都放弃的情况下,人们只好立了中子继承了君位。

商纣王统治暴虐,伯夷、叔齐听说西伯的国内很安定,就决定到周国去。但是还没到达那里,就遇见了周武王伐纣的大军,原来这时周文王已经死去,周武王用车拉着周文王的棺木奔袭商纣。他们二人于是进见武王说:"父死不埋葬,就动起武来,这能算作孝吗?以臣子身份来讨伐君主,这能算作仁吗?"武王很是生气,要处罚他们,军师姜尚劝解说:"这是讲义气的人呀,不要杀害他们。"就放他们走了。

后来周武王灭掉了商朝,建立了新的王朝周朝。伯夷、叔齐认为这种做法太可耻了,发誓再不吃周朝的粮食。但是当时各地都属于周朝了。他们就相携着到首阳山上采薇菜吃,后来竟然饿死在首阳山之上。

伯夷、叔齐的让国和不食周粟的做法,得到了儒家的大力推崇,认为他们二人能够重视道德修养,不被尘世的功名所诱惑,具有崇高的人格,所以被奉为道德楷模。这就是二人受后世尊敬的原因。

采薇图

知识链接
郑成功为什么又称"国姓爷"?

郑成功是中国历史上著名的民族英雄,曾有"国姓爷"的称谓,这是怎么来的呢?

郑成功夫妇像

郑成功是福建省南安市石井镇人,祖籍河南省固始县汪棚乡邓大庙村。本名森,又名福松,字明俨,号大木。郑成功的父亲是明朝的将领郑芝龙。郑成功自幼习文练武,才智双全。他在二十二岁时任南明隆武帝御营中军都督,隆武帝赐姓朱,并封忠孝伯,这也就是他俗称"国姓爷"的由来。清顺治三年(南明隆武二年,1646),清军攻克福建,隆武皇帝遇害,郑芝龙投降清兵。清军在这时掠劫郑家,郑成功的母亲田川氏受辱于清兵,愤而自杀。

隆武二年(1647)十二月,郑成功在烈屿(小金门)起兵,旗帜上的称号是"忠孝伯招讨大将军罪臣朱成功"。永历三年(1649)改奉南明永历年号,永历帝封他为延平郡王,因此也有把他称作郑延平的。1651年到1652年在闽南小盈岭、海澄(今龙海)等地取得三次重大胜利,歼灭驻闽清军主力。后挥师北取浙江舟山,南破广东揭阳。

在起义后的十六年间,郑成功据地在现今小金门和厦门(当时为一小岛,并没有和大陆连在一起)一带的小岛,完全控制了海权,以和外国人做生意收集资金,筹备军力,并且深入内陆广设商业据点,收集许多有关清军与朝廷的情报,一直坚持抗清斗争,也和清朝廷议和以争取时间恢复兵力。

康熙元年(1662),郑成功率将士数万人,自厦门出发,于台湾禾寮港登陆,收复了台湾,赶走了荷兰侵略者,被誉为民族英雄。

39

在古代社会，"女色祸国"的观念曾广为流传，那么商朝是因为妲己灭亡的吗？

在民间传说中，妲己是一个狐狸精，商朝就是因为她灭亡的。历史上妲己是什么样的人呢？真的是"女色祸国"吗？

妲己害政图

妲己是中国商朝最后一位君主商纣王的宠妃。根据《史记》的记载，妲己是有苏氏诸侯之女，是一个绝色美人，在商纣王征伐有苏部落时，被好酒贪色的纣王掳入宫中，尊为贵妃，极尽荒淫之能事。纣王被周武王打败，最后逃到鹿台自焚，妲己也自缢而死。

《封神榜》上说妲己是千年狐狸精，受了女娲娘娘派遣到凡间，任务是蛊惑纣王，使商朝灭亡。当周人灭商后，在杀妲己时，连刽子手都被其美色迷住，不忍下手，愿替其死。还有许多稗官野史，将妲己说成是蛇蝎美人，千古淫恶的罪魁祸首，简直是十

恶不赦的罪人。

其实商纣的灭亡是历史发展的必然趋势，绝不是一个弱女子引起的。在春秋时期，关于纣王的罪状还只限于"比干谏而死"。到了战国，比干的死法就生动起来，屈原说他是被投水淹死，吕不韦的门客则说他是被剖心而死。到了汉朝司马迁写《史记》的时候，已经有了更生动的演绎，说是纣王剖开他的心是为了满足妲己的好奇心，想看看"圣人"的心是不是七窍。而到了晋朝，皇甫谧因为职业是医生的缘故，写些文史文章的时候，又演绎出纣王在妲己的怂恿下解剖了怀孕的妇女，要看看胎儿形状。

后世小说家们根据个人好恶，纷纷加工演绎，以讹传讹，逐渐远离了历史真相。妲己的形象也由于后世小说家的添油加醋而愈发可恶起来。从《尚书》里讨伐纣王的一句"听信妇言"开始，到《国语》里的"妲己有宠，于是乎与胶鬲比而亡殷"，再到《吕氏春秋》里的"商王大乱，沉于酒德，妲己为政，赏罚无方"，都还是不太离谱的合理推断。再到后来，被民间小说家的演绎，形象越来越恶化，直到后世的《封神演义》达到了顶峰，把"女色祸国"的罪名加在了妲己头上，简直是历史的冤案。

知识链接
为什么褒姒没有父亲？周王朝的灭亡同她有关吗？

褒姒是中国历史上有名的美人，是周幽王的崇妃，因为周幽王"烽火戏诸侯"为博一笑而为后人所论道。关于褒姒的身世经历颇具传奇色彩，从她的出生就有很多传说，直至周王朝的衰亡，也同她有关联。

据《国语》和《史记》记载，在夏朝末年，有两条龙在夏王的庭前交尾，据说这两条龙是褒人的先君变化的。夏王对这种神异的现象感到非常害怕，就通过占卜决定是把龙杀掉还是赶走，或者制止它们的行为。占卜的贞人说这几种做法都不妥。于是夏王问，能不能把龙漦（龙的精气）收藏起来呢？占卜后得到结果是"可以"。

两条龙消失后，留下了比较粘稠的龙漦。夏王命人把这些东西收藏在椟匣里保存起来，一直传到周厉王时期。周厉王因为好奇打开观看，不小心把龙漦洒流于王庭上。洒出的龙漦无法清除，周厉王只好用巫术迫使龙精化为玄鼋。玄鼋撞到了后宫一个几岁的小姑娘身上。周宣王年间，这个小姑娘在"及笄"之年竟"无夫"而孕，生下一个女孩，她就是后来的褒姒。

幽王即位时，褒姒已经长成一个绝色美女。一天被被幽王的手下发现，把她进献给了幽王。幽王非常宠幸褒姒，经常同她在后宫享乐，不理朝政。王后申后非常嫉妒，就派儿子宜臼杀了褒姒的生母和养父。幽王大怒，就废了申后，立褒姒为后。

褒姒因为生母养父被杀，心怀仇恨，所以终日紧锁愁眉，入宫十年没笑过。幽王于是发出号令，谁能让美人褒姒一笑者，赏千金。谋臣虢虎献计说，请幽王下令将烽火台点燃，诸侯会以为战事发生，前来救援。然后命诸侯回去，必然使军队混乱，美人就会觉得好笑。幽王采纳了这个荒唐的建议。诸侯见了烽烟四起，急忙率兵来勤王，结果却是白跑一趟，都非常生气。幽王的这一举动换来了褒姒冷冷的一笑。

后来外族入侵周王朝，幽王慌忙下令点燃烽火台，诸侯因上次受了戏弄，谁都不来勤王了。城被攻破，幽王被杀，褒姒被掳后自杀而死，周朝自此灭亡了。

40 传国玉玺上刻的是什么字？为什么缺了一个角？

传国玉玺是古代皇帝登基的必备之物，只有拥有了玉玺，身登九五才名正言顺。那么这国宝上刻的是什么呢？据说还缺损一个角，是什么原因呢？

从秦代以后，皇帝的印章专用名称为"玺"，因为用玉制成，

问吧
六

所以称为"玉玺"，共有六方：为"皇帝之玺""皇帝行玺""皇帝信玺""天子之玺""天子行玺""天子信玺"。在皇帝的印玺中，有一方玉玺不在这六方之内，这就是"传国玉玺"。"传国玉玺"又称"传国玺"，是奉秦始皇之命用和氏璧雕刻而成，极其珍贵，作为秦以后历代帝王相传之印玺。

"传国玉玺"方圆四寸，上纽交五龙，正面刻有李斯所书"受命于天，既寿永昌"八个篆字，作为"皇权神授、正统合法"的标志。后世的帝王都把"传国玉玺"当作是掌控天下的宝物，它的得失都关系到国家的存亡。凡是登基大位而没有"传国玉玺"的，则被讥为"白版皇帝"，为世人所蔑视甚至遭到反抗。

西汉末年，王莽篡位，当时的皇帝刘婴仅两岁，"传国玉玺"由王莽的姑母汉孝元太后代管。王莽命大臣王舜向孝元太后索取"传国玉玺"，孝元太后虽然是王家人，但却忠心于汉朝，被逼不过，一怒之下将此镇国之宝掷于地上，据说摔坏了玺纽的一角，后来王莽用黄金镶补，还是留下了缺痕。

东汉光武帝刘秀打败了王莽，夺回传国玉玺。唐朝末年，石敬瑭引契丹军进攻洛阳，唐末帝李从珂怀抱着传国玉玺，在玄武楼上自焚，传国玉玺就此下落不明。时至今日，传国玉玺仍未找到，遂成千古遗憾。

知识链接
中国印章的发展

印章，又被称作"图章"，古称"玺"。印章的出现和使用，一般认为始于春秋战国之间。先秦及秦汉的印章多是用来封发简牍使用的。古代用简牍写好信，用泥封好结绳的地方，再把印盖在封泥之上，防止他人随意拆开，也是收信人验信时查看的凭据。而官印又是行使权力的象征。随着简牍被纸帛所取代，封泥的作用也就没有了。

秦始皇统一中国后，印章范围扩大为证明当权者权益的法物，为当权者掌握，作为权力或者官职的标识。秦以前，无论官、私印都称"玺"，秦统一六国后，规定皇帝的印独称"玺"，臣民只

春安君　　河间王玺（封泥）　　焦得　　广陵王玺

王遂（四灵印）　　宣成公章　　平定县印　　商七（押）

各种印章

称"印"。到汉代，官印中始有"章"及"印章"之称。汉代也有诸侯王、王太后的印章称为"玺"的。唐以后，皇帝所用的印章称"宝"，因为武则天觉得"玺"与"死"近音（也有说法是与"息"同音），于是称为"宝"。唐至清沿旧制而"玺"、"宝"并用。印章根据习惯在民间还称为"印信""记""朱记""合同""关防""图章""符""契""押""戳子"等等。

印章用朱色钤盖，除日常应用外，又多用于书画题识，逐渐发展成为我国特有的艺术品之一。古代多用铜、银、金、玉、琉璃等为印材，后有牙、角、木、水晶等，元代以后盛行石章。

传世的古代玺印，多数出于古城废墟、河流和古墓中。有的是战争中战败者流亡时所遗弃，也有的是战争中殉职者遗弃在战场上的，而当时的惯例，凡在战场上虏获的印章必须上交，官吏迁职、死后也须把印绶上交。其他在战国时代的陶器和标准量器上，以及有些诸侯国的金币上，都用印章盖上名称和记录上制造工匠的名姓或图记性质的符号，也被流传下来。

贞观联珠印

经过数千年的发展，在当代，印章仍有巨大的实用性与艺术性，不论是书画、雕刻等艺术创造，还是机关、企事业单位、个人，都与印章有着密不可分的联系。

41

"祖宗"的具体含义是什么?

每个人都有"祖宗",这是千古不移的至理。中国人尤其注重"祖宗"的观念,那么你知道这个词的具体含义是什么吗?

汉孝文皇帝以前,中国是没有"祖宗"这一说法的,称呼多是"先人","先"就是"前",指的是生育自己的前人。但自汉孝文皇帝以后,"先人"这一说法逐渐被"祖宗"代替,它的含义也逐渐有所扩大化。

汉许慎的《说文解字》中,祖的来源是"庙"。"庙"的最初意思是朝廷,后来就成了供奉死去皇帝的地方,再后来才是神灵。司马迁的《史记》卷十里载"世功莫大于高皇帝,德莫盛于孝文皇帝。高皇庙宜为帝者太祖之庙,孝文皇帝庙宜为帝者太宗之庙。"《礼记·祭法》:"有虞氏禘黄帝而郊喾,祖颛顼而宗尧。"后世经学家认为,"祖"就是"始"的意思,是指道德的初始;"宗"是"尊"的意思,是指道德隆盛,因此说来,"祖"就是世功,"宗"就是德盛,"祖宗"的意思就不能简单的理解为先人,而是世功最大、盛德最广的先人。

后来"祖宗"一词就不专属皇家所用了,普通百姓也把自己的先人称作"祖宗",并且建立祠堂,进行祭祀活动。

知识链接

"封建"的本义是什么?

大家常提及"封建"这个词,往往用在思想上,其实这个词最初指的是一种社会制度。

"封建"一词出现得很早,《诗·商颂·殷武》:"命于下国,封建厥福。"毛传:"封,大也。"古代中国的中原王朝,所封之地称为

"诸侯国""封国"或"王国",统治诸侯（王国）的君主被称为"诸侯王""君"或"国君",也有使用"国王"称谓的。"封建"一词,简单言之是指王者以爵土分封诸侯,而使之建国于封建的区域。这是上古时代战胜的部族对于战败的土地和人口施行的一种统治方式。从这里可以看出,所谓封建,从有部族战争以来就有这样的社会组织形式。

封建制正式起源于西周。西周立国,周王室直接掌握的也就是以京畿为中心的那一小块土地。大量的疆土只是在名义上属于周王朝,很多还在各个小邦国乃至土著手中。周天子为了实行有效的管理,采取了"封建制",即"封土建国",天子把自己直接管辖王畿以外的土地,分封于诸侯,并授予他们爵位,让他们建立封国,保卫中央。周武王、周公旦进行了两次大规模的分封。把王室宗亲和一些有联姻纽带的心腹大臣分封到各处,让他们带着自己的手下,前往分封的那块土地,建立城市,开垦土地,并用武力保护自己的成果。他们在这块土地上的臣民和经济收益,都属于这个诸侯,但是每年要向周王室朝贡,周王室有事,也要出兵护卫。

42 我国古代有经纪人吗?

当今社会的"经纪人"指在经济活动中,为促成他人商品交易,在订立合同时充当订约居间人,为委托方提供订立合同的信息、机会、条件,或者在隐名交易中代表委托方与合同方签定合同的经纪行为而获取佣金的经纪组织和个人。

中国是一个历史悠久的古国,在两千多年前就出现了经纪活动。在西汉,称经纪人为"驵侩";唐代,称经纪人为"牙人""牙郎";到了宋、元时期,出现了外贸经纪人,宋代称"牙侩",元代称"舶牙";明清时期,经纪人称"牙人",明代还把牙

人分为官牙和私牙,同时还出现了牙行,即细指代客商撮合买卖的店铺。清代,在对外贸易中,经纪人被称为"外洋行"。清代后期还出现了专门的对外贸易的经纪人"买办"。到了民国时期,随着经营股票和债券买卖的出现,在中国历史上第一次出现了债券经纪人。所以说,"经纪人"在我国是有很悠久的历史的。

知识链接(一)
"经济"在古代是指什么呢?

"经济"现在指商业活动,在古代并不是这样的。公元四世纪初东晋时代已正式使用"经济"一词。"经济"在中华传统文化中的本来意思是"经世济民""经国济物",也就是治国平天下之意。现在"经济"指商业活动的意思源自日译西文。西方经济学十九世纪晚期传入中国,最初,"economics"被直接译为"富国策""生计""理财学"等词。首先用汉字"经济学"翻译"economics"的是日本人,后来中国人把这个西文日译的词"译"回了中国,成为了现在通用"经济"的含义。

知识链接(二)
"经理"在古代是什么意思呢?

现在把"经理"一词作为企业领导人的代称,其实在古代并不是这样的。一般"经理"有如下几种含义:

1. 常理。《荀子·正名》:"道也者,治之经理也。"就是说,"道"是达到治世的常理。这里的"经"同"纬"相对应,用来修饰"理"的。

2. 经书的义理。《后汉书·光武帝纪下》:"每旦视朝,日仄乃罢。数引公卿、郎、将讲论经理,夜分乃寐。"古代将圣人先贤的"经"作为治世法典,对其义理的理解极其重要。所以把经书的义理简称"经理"。

3. 治理。《史记·秦始皇本纪》:"皇帝明德,经理宇内,视听不怠。"清孔尚任《桃花扇·抚兵》："只有俺恩帅侯公,智勇双全,尽能经理中原。"这里把对国家的治理称为"经理",已经将其由名词改为动词用了。

4. 照料。宋苏辙《欧阳文忠公神道碑》："公笃于朋友,不以贵贱生死易意。尹师鲁、石守道、孙明复、梅圣俞既没,皆经理其家,或言之朝廷,官其子弟。"是指照顾家里的意思。

5. 经营管理,处理。宋朱熹《答高国楹书》："若经理世务,商略古今,窃恐今日力量未易遽及。"这同现在"经理"的含义有些接近了,已经开始有经营管理的含义了。

及至近代,"经理"一词逐渐转变为打理企业、经营管理单位事务之意,也就顺理成章地指代企业领导人了。

43 秦汉时婚装以黑色为主,为什么当代却以红色为主呢?

中国人现在结婚的大喜日子,服饰、装饰等等方面都要红彤彤的,追求一个喜庆气氛。但是在秦汉时期,婚装却是以黑色为主。为什么会发生这样的变化呢?

中国的衣冠服饰制度,大约是在夏商时期就已经开始形成了,到了周代渐趋完善,并被纳入"礼治"范围。当时的服饰依据穿着者的身份、地位各有分别。天子后妃、公卿百官的衣冠服制、等级制度日益严格。

商周时期,服饰形式主要采用上衣下裳制,衣用正色,即青、赤、黄、白、黑等五种原色;裳用间色,即以正色相调配而成的混合色。春秋战国之期,出现一种名为"深衣"的新型服饰,它是一种连体服饰。深衣的出现,改变了过去单一的服饰样式,故此深受人们的喜爱,不仅用作常服、礼服,且被用作祭服。

汉代服装比较重视色彩,玄黑与缥红是汉服中最隆重端庄

89

汉代服饰

的搭配。玄，黑中扬赤，象征天的颜色；纁，黄里并赤，其意表征大地。汉代人认为把天地的颜色穿在身上，是最吉祥的象征。先秦直到两汉，婚礼都称作"昏礼"，一般都在黄昏举行，婚礼礼服也是以玄色为主，纁色辅之，新人认为这样的颜色最能表达喜庆庄重的婚礼气氛。

几千年来，中华民族一直崇尚红色，认为红色是吉祥、幸福、成功、忠诚、兴旺发达的象征。对红色的喜爱即是对日神的崇拜，中国文化的红色源于太阳，因为烈日如火，其色赤红。先民在祭祀、巫舞的过程中，对红色一直是极其重视的。另外由于对火的崇敬。原始祖先们对于火除了有一种恐惧和敬畏感外，同样怀有依赖与崇拜的感情。同时也出于对血的敬畏。血也是红的，既给人以恐惧感，又在原始人心目中，有着神圣而不可亵渎的地方。所以，随着时代的发展，红色在吉祥、喜庆方面的地位逐渐上升，成了主导的颜色，一直延续到当代。

知识链接

"黄色"原本是古代皇家专用的颜色，为什么现代却成了"色情"的代名词？

黄色在中国古代是皇家专用的颜色，表示尊贵，平民百姓不得随便使用。黄色也是中华民族文化和中华文明的象征，同时它也是中华民族的主色调。直至现在，它和红色都是中国的主色调。在中国的五行学说中，黄色是土的象征。黄色是黄金的颜色，因此也有财富的含义。

　　我们今天经常用"黄色"来指称带有明显色情意味的东西，这中间的变化转换，主要是受了西方的影响。在基督教中，由于黄色是犹大衣服的色，故在欧美国家被视为庸俗低劣的最下等色。流传到我国也是，"黄色刊物""黄色事业"中"黄色"指代色情。这可能与黄色的敏感程度有关。英语中黄色和妒忌、懦怯和败坏有关联。美俚称呼胆小鬼做 yellowbelly；恣意煽情的传媒为 yellow journalism。1894 年，英国创办了一家杂志，名字就叫《黄杂志》，一批有世纪末文艺倾向的小说家、诗人、散文家、画家等，围绕该杂志形成一个被称为"颓废派"的文艺集团。他们的作品，有时带有一点色情意味，但不能算淫秽。然而第二年 4 月 3 日，当时极负盛名的英国剧作家王尔德（O. Wilde），因同性恋的罪名遭到逮捕。当时报纸上说，王尔德在被捕时腋下还夹了一本《黄杂志》，于是人们想当然地认为这杂志和王尔德同样是不名誉的，第二天就有人到《黄杂志》的出版商门前示威，用石头将橱窗玻璃砸得粉碎。其实王尔德被捕那天，腋下夹的书是法国作家比尔·路易的小说《爱神》，碰巧这本小说和当时法国的许多廉价小说一样，也是黄封面的。这种小说称为"yellowbook"，也被认为是不登大雅之堂的。《黄杂志》也好，"yellowbook"也好，都使得"黄色"与性、色情、恶俗等等概念发生了联系。另外当时纽约的《世界报》和《日报》，为了发行量而展开疯狂竞争。1895 年矿业巨头之子 W. R. 赫斯特买下了《世界报》的对手《日报》，他所采用的手段更是变本加厉，甚至把专为《星期日世界报》画极受读者欢迎的连环漫画《黄色小子》的画家也挖了过来。当时两报广泛采用通栏大字标题、彩色连环画、大量图片等等手法，竭力迎合读者。这段时期被称为"黄色新闻"时期。

　　西方的"黄色"都被认为是低级的东西，现在在汉语中也引进了这层意思，"黄色"也包含色情的含义了。

44

"风骚"原本是褒义词，同文学相关，现在却同色情关联，为什么会发生这样的变化呢？

"风骚"这个词在今天的日常用语中绝对不是个好词，它差不多等同于"放荡"和"轻浮"。特别是用它来形容女性的时候，这简直是对被形容对象的重大侮辱。"风骚"的这一惯常用法，在很多时候是纯粹作为贬义词使用的。

然而，"风骚"的本义却与放荡、轻浮一点也不沾边儿。它最初的意思是《诗经》与《楚辞》的并称。因为《诗经》中有"国风"，而《楚辞》中最著名的篇章是《离骚》，"国风"与《离骚》是《诗经》和《楚辞》的精华，所以古人取国风的"风"，与《离骚》的"骚"合成一个词"风骚"，用以指代文学素养或文采。

在古代，用"风骚"来指人才华丰赡，不同凡响。比如，北宋孙光宪的《北梦琐言》记载："沙门贯休，钟离人也，风骚之外，精于笔札。"这句话中的"风骚"，即是文采的意思。毛泽东词《沁园春·雪》云："惜秦皇汉武，略输文采；唐宗宋祖，稍逊风骚。"毛泽东将"文采"与"风骚"对举，可见其意思是基本对等的。后来，"风骚"一词又发展出容貌俏丽的意思，比如《红楼梦》第三回说："身量苗条，体格风骚。"再后来，"风骚"便演变成今天人们最为熟知的"轻浮放荡"之义。

虽然在有中国古代文史方面修养的人那里，都知道"风骚"的原本含义，但目前大多数人已经习惯于它的贬义用法，也就被社会语言所认同，而不会用在形容有文才这个意思上了。

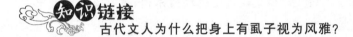

知识链接
古代文人为什么把身上有虱子视为风雅？

古代文人身上的虱子经常见，一方面同当时的卫生条件有关，但文人却并不以此为耻，反而当作一种风雅的象征。这是怎

柳荫高士图

么回事呢?

　　这种情况主要是在魏晋时期比较流行,当时兴起"服石"之风,即服"五石散"或"寒食散",服后烦热,于是经常猛浇冷水,却容易暴毙。士大夫于是到处"行散"乱窜或睡卧路旁,以显示其高贵和阔绰。甚至没落了的隐士已经无力服石时,也要硬装出服过的样子。体热加上不敢洗澡,很容易生虱子。在隐士们看来,在浓郁的体味里不停有动物出入,更是回归自然之相,虱子俨然已经是风度和人生追求的证词了。

　　宋代文人陈善,写了一本笔记,上下各四卷,记载北宋时期的政治情况。这本笔记的上卷原名《窗间纪闻》,至南宋时定稿,改书名为《扪虱新话》。可以说虱子已经走进了文化中了。

　　据民间传说,北宋的名臣王安石有一天上朝,有只虱子从他的衣领里悄悄爬出,一路蜿蜒,攀上胡须,王

魏晋人解衣当风

93

问吧
六

安石浑不自觉，神宗皇帝看到了，开心一笑。下朝的时候，王安石问同僚王禹玉，皇上因何而笑。王禹玉据实相告，王安石赶快命人搜寻这只虱子，准备将其一举歼灭。王禹玉说："此虱屡游相须，曾经御览，未可杀也，或曰放焉。"这也成了文人将虱子当作风雅的典型事例了。

45

"龙"的形象是怎么来的？为什么中国人被称为"龙的传人"呢？

龙纹

"龙"在中国人的思想中有着巨大的影响，这种虚拟的动物是怎么来的呢？

传说中的龙起源于新石器时代早期，距今不会少于八千年，龙甚至比黄帝早得多。在黄帝努力统一各个部落的时候，龙已经在先民们的历史中存在数千年了。

一般认为龙信仰来源于"蛇"的图腾崇拜，而蛇图腾在女娲、伏羲等形象上能明显地看到，炎黄二帝时开始达到鼎盛，龙的图案造型上经历了极多的艺术变形和演变。上古时代中国海神的形象是鸟身，后演变为水族。一方面，在图腾崇拜等文化现象中，不断产生龙的传说和很多艺术变形图案。另一方面，又有大量遭遇龙的历史记载，龙可能是某种或某几种已知或未知的生物，被人看到后强化了对龙的描述和传闻。还有宗教思想和修行见闻的影响，有统治者意识形态介入，也使龙文化不断发展。所以历史中，龙的形象不但包含人们的想象和神话，也包含人们一些当时无法理解的见闻（如龙卷风等），甚至包含（已知或未知）实体生物出现的经历。龙的故事中有真有假，真伪难辨，使得龙变成一种亦幻亦真的神物。

元宵节灯景花纹补子

很多史书记载黄帝本身就是龙，百姓将黄帝认作是炎黄子孙的共同祖先，黄帝是龙，炎黄子孙当然也就是"龙子龙孙"了，因此中国人又称"龙的传人"。

知识链接
为什么中国人又称"炎黄子孙"？

传说在四千多年以前，中国长江流域和黄河流域，居住着许多氏族部落，其中最著名的是黄帝部落、炎帝部落和蚩尤部落。黄帝部落居住在中国西北部现今陕西省的地方，后来向东迁徙，最后定居在今河北涿鹿一带的山弯里，过着游牧生活。炎帝部落在今陕西省渭河流域至黄河中游一带活动。蚩尤部落又称为"九黎族"，居住在中国东部今山东、河南一带。这三个部落在相互交往的过程中，曾在今河北北部一带，发生过数次大的战争。

炎帝部落从渭河流域进入黄河中游以后，与蚩尤部落发生了长期的冲突。炎帝被蚩尤打败以后，逃到了河北涿鹿，投靠黄帝部落。后来，这两个部落联合起来，与蚩尤在涿鹿大战一场，蚩尤战败，被黄帝部落杀死，黄帝取得了胜利。这就是史书上有名的"涿鹿之战"。

黄帝对蚩尤部落成员采取安抚政策，留在北方的蚩尤部落

95

成员就加入了炎黄部落。其他部落听说蚩尤已死，对黄帝佩服得五体投地，大家共同拥戴他为天子，黄帝就在涿鹿建都。

打败蚩尤以后，炎帝部落要争做霸主，与黄帝部落又发生了大冲突。炎帝和黄帝这两个部落，在阪泉（今河北怀来一带）又大战一场，结果炎帝被打败，归服了黄帝部落。后来，他们的后裔就从河北一带向南发展，进入黄河流域，定居中原，经过长期的共同生活，共同繁衍，互相融合，共同组成了中国中原地区的远古居民，奠定了后来华夏族的历史基础。

以后这一部族逐渐发展，居住在中原地区原来不同祖先的居民，都自认为是黄帝、炎帝的子孙。春秋以后，这些居民自称为华夏族，到汉朝以后称为汉族。后世的汉族人就把黄帝、炎帝尊称为自己的祖先，自称是"炎黄子孙"了。

46 "四大徽班"进京指哪四个京剧班子？他们为什么要进京？

清代《戏出画册》之《虹霓关》

中国国粹之一京剧的发展和"四大徽班"紧密相关。"四大徽班"即三庆班、四喜班、和春班、春台班，多以安徽籍艺人为主，因此叫"徽班"。

乾隆五十五年（1790），为给乾隆帝弘历祝寿，从扬州征召了以戏曲艺人高朗亭为台柱的三庆班入京，以唱"二黄"声腔为主，这是徽班进京演出之始。之后又有四喜、启秀、霓翠、和春、春台等安徽戏班相继进京。在演出过程中，六个戏班逐渐合并为四大徽班。时值京腔（高腔）、秦腔已先行流入北京，徽班在演唱二簧、昆曲、梆子、啰啰诸腔的基础上，兼容并蓄，出现了"四徽班各擅胜场"的局面。由于其声腔及剧目都很丰富，逐渐压倒了当时盛行于北京的秦腔与昆剧。许多秦腔班演员转入徽班，形成徽秦两腔的融合。昆剧演员也多转入徽班。

嘉庆、道光年间，汉调（又称楚调、西皮调）进京，参加徽班演出，徽班又兼习楚调之长，为汇合二簧、西皮、昆、秦诸腔向京剧衍变奠定了基础，在京师与徽班造成了西皮与二黄合流，形成所谓的"皮黄戏"。此时在京师里形成的皮黄戏，受到北京语音与腔调的影响，有了"京音"的特色。这种带有北京特点的皮黄戏叫做"京戏"，也叫"京剧"。因此，"四大徽班"进京，被视为京剧诞生的前奏，在京剧发展史上具有重要意义。到了同治、光绪年间，京剧已臻于成熟，艺术上也日益精纯，有些演员常被召入清宫给慈禧太后演戏，被称为"内廷供奉"。清末，四大徽班已相继散落。

四大徽班进京，在京剧发展史上具有里程碑式的意义，写下了浓重的一笔。

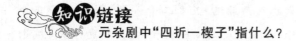

元杂剧中"四折一楔子"指什么？

了解元杂剧的人都知道，它的结构特点是"四折一楔子"，为什么会产生这么固定的结构呢？是不是一成不变呢？这要从元杂剧的发展历史谈起。

元杂剧又称北杂剧、北曲、元曲。元曲包括元杂剧和元代散曲两个部分，它是在金院本的基础上孕育发展而形成的，正当南戏盛行之际，北杂剧走向成熟。十三世纪后半期是元杂剧雄踞剧坛最繁盛的时期。"一人主唱"是元杂剧的一个显著特点。元杂剧唱与说白紧密相连，"曲白相生"，是严谨、完整、统一的，又是个性鲜明的戏曲艺术。作为一种成熟的戏剧，元杂剧在内容上不仅丰富了久已在民间传唱的故事，而且广泛地反映了当时的社会现实，成为广大人民群众最喜爱的文艺形式之一。

宋人绘《杂剧人物图》

元杂剧具有完整、严密的结构体制。"四折一楔子"是元杂剧最常见的剧本结构形式，合为一本，每个剧本一般由四折戏组成，有时再加一个楔子。所谓的"折"相当于现在的"幕"，是音乐组织的单元，也是全剧矛盾冲突的自然段落；四折即是开端、发展、高潮、结尾四个阶段。元杂剧在四折戏外，为了交代情节或贯穿线索，往往在全剧之首或折与折之间，加上一小段独立的戏，称为"楔子"。安排在第一折之前的，称为开场楔子；置于各折之间的，称为过场楔子。楔子本义是木器榫合处为弥缝填裂而楔入的小木片，在元杂剧中它所起的是绵密针线或承前启后的作用。

元杂剧一本四折的形式并不是一成不变的，如《赵氏孤儿》五折，《秋千记》六折，《西厢记》五本二十一折，吴昌龄的《西游记》六本二十四折。因此说，"四折一楔子"的结构也并不是雷打不变的，根据剧本实际内容和演出需要可以有所调整。

47

"九卿三公"的具体官职是什么？

"卿"和"公"都是官职名称。西周时期周王朝及诸侯都有卿，分上中下三级。上卿是当时最高的官职。一般习惯上说的

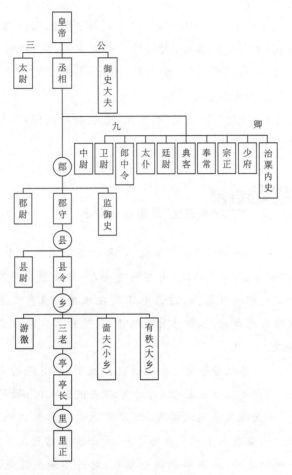

秦朝政权机构图表

"九卿三公"所指的具体官职在历朝历代有所不同。

"九卿"之说始于秦汉,指的是太常、光禄勋、卫尉、廷尉、太仆、大鸿胪、宗正、大司农、少府九个官职。具体一点来说,太常掌管宗庙祭祀与礼仪;光禄勋掌管宫廷的守卫和护从;卫尉负责宫门警卫工作;太仆掌管皇帝的车马;廷尉是最高司法之官,掌管刑狱、案件的审理等;大鸿胪又叫典客或大行令,负责外交及民族事务;宗正负责管理皇室、宗族的事务;大司农又名治粟内史或大农令,掌管谷货、租税、赋役、财政等;少府掌山海池泽之税,以供养皇帝。到北魏时期,在正卿之下还设少卿,历代相沿,

直到清末才废止。

"三公"之说也起始很早，周时以司马、司徒、司空为三公，西汉以丞相（大司徒）、太尉（大司马）、御史大夫（大司空）为三公。到东汉时，名称有所改变，指太尉、司徒、司马。"三公"又叫"三司"，共同负责军政事务。

后世将"九卿"与"三公"合起来，表示身居高位，并不代表什么具体的官职了。

知识链接
"二桃杀三士"是怎么一回事？

这个成语来源于《晏子春秋》。当时齐国有三个大力士：公孙接、田开疆、古冶子，都是有名的勇士，非常受景公的器重。他们三个的气焰也很嚣张，对谁都不放在眼里。很多大臣因为景公重视这样卤莽的人，都非常不满意，认为国家不能仅靠几个武夫来治理。

有一次，宰相晏子对景公进谏说："我听说，贤能的君王蓄养的勇士，对内可以禁止暴乱，对外可以威慑敌人，上面赞扬他们的功劳，下面佩服他们的勇气，所以使他们有尊贵的地位，优厚的俸禄。而现在君王所蓄养的勇士，对上没有君臣之礼，对下也不讲究长幼之伦，对内不能禁止暴乱，对外不能威慑敌人，这些是祸国殃民之人，不如赶快除掉他们。"

景公听从了晏子的话，但认为没有办法来处置三个勇士。

西汉墓壁画二桃杀三士（局部）

晏子说他自有主张。

晏子叫人准备了两个桃子，对三个勇士说是景公赏赐的，要他们三个人就按功劳大小去分吃这两个桃子。

公孙接说："我第一次打败了野猪，第二次又打败了母老虎。我的功劳最大。"于是他拿起了一个桃子站了起来。

田开疆说："我手拿兵器，接连两次击退敌军。我的功劳不输公孙接。"于是，他也拿起一个桃子站了起来。

古冶子说："我曾经跟随国君横渡黄河，大鳖咬住车左边的马，拖到了河的中间，我潜到水里将大鳖杀死了。我左手握着马的尾巴，右手提着大鳖的头，像仙鹤一样跃出水面。像我这样的功劳，难道连一个桃子都吃不到吗？活着还有什么意思！"说着，便抽出宝剑，自刎而亡。

公孙接、田开疆说："我们勇敢和功劳赶不上古冶子，拿桃子也不谦让，这就是贪婪啊；然而还活着不死，那还有什么勇敢可言？"于是，他们二人都交出了桃子，刎颈自杀了。

景公听到这件事情很伤感，派人给他们穿好衣服，放进棺材，按照勇士的葬礼埋葬了他们。晏子后来给国家推荐了一些有智谋的人，帮助齐国成为强国。

大家都对晏子的计谋很是称赏，这个成语也用来指对付有勇无谋的人的方法了。

48 "夜郎自大"的"夜郎"在什么地方？那里的人为什么会"自大"？

"夜郎自大"通常用来形容盲目自信的人，那么真的有"夜郎"吗？他们真的很自大吗？

司马迁《史记·西南夷列传》称："西南夷君长以什数，夜郎最大。"夜郎国的具体位置，史籍记载都很简略，只说："临牂牁江"，其西是滇国。牂牁江是汉代以前的水名，今人根据其向西

南通抵南越国都邑番禺（今广州）的记载，考订为贵州的北盘江和南盘江。多数人认为，夜郎国的地域，主要在今贵州的西部，可能还包括云南东北、四川南部及广西西北部的一些地区。大约战国时代，夜郎已是雄踞西南的一个少数民族君长国。汉武帝时，在夜郎地区设置郡县，将夜郎划入版图。公元前111年，夜郎派兵协同征伐南越反叛，遣使入朝，汉王朝授予夜郎王金印。

夜郎灭国于西汉末期，汉成帝河平年间（前28—25年），夜郎与南方小国发生争斗，不服从朝廷调解。汉廷新上任的牂牁郡守陈立深入夜郎腹地，果断地斩杀了名叫兴的夜郎末代国王，并机智地平定了其臣属及附属部落的叛乱。从此以后，夜郎不再见于史籍。

夜郎国存在了约三百多年，其文明发展在西南地区具有较大影响。汉开发西南夷后，在巩固国家统一的大战略中，它发挥了积极的作用。

据传使者到达今云南的滇国，再无法西进。逗留期间，滇王问汉使："汉敦与我大？"后来汉使返长安时经过夜郎，夜郎国君也提出了同样问题。这段很平常的故事后来便演变成家喻户晓的"夜郎自大"这个成语。

知识链接
古代的"山东""山西"是现在的省份名称吗？

现在的山东、山西是我国的行政省份，其实在古代，山东、山西指的是特定的地理位置，这两个"山"也并不一致。

山西的"山"是指太行山，山西东为太行，西为吕梁。电影歌曲《人说山西好风光》中唱道："左手一指太行山，右手一指是吕梁。"太行山是山西与河北的交界，太行山以东是河北而不是山东。

而"山西"作为行政区域，是经历了它的历史演进轨迹的。春秋时期，山西大部分地区为晋国所有，所以简称"晋"；战国初期，韩、赵、魏三家分晋，因而又称"三晋"。唐代，山西在全国占据举足轻重的地位。到五代十国,山西仍然对中国北方的政治、军事形势,起着决定性的作用。宋辽时期,山西进一步繁荣,是中国北方经济、文化的主要发达地区。元代,全国共十一个行省,山西与山东、河北并称为元朝"腹地"。明代,山西的商业迅猛发展,曾领先全国。

山东的"山"古时有两个意思,一是指崤山,"山东"即是指崤山以东的广大地区,即秦国东边的中原地区。比如《史记》常有山东豪杰如何如何,指的就是这层含义,"坑灰未冷山东乱"即是。另一个就是太行山。泛指太行山以东的地区。山东省名即来源于此。

山东作为地理名称始于战国时期,作为政区名称则始于金代。元朝置山东道,明朝设山东布政使司,形成与今天山东省大体相同的版图,大部分县名沿用至今。清朝正式设山东省,治所在济南府。新中国成立后,经过几次调整,山东省形成了目前的行政区划。

49 青花瓷是青色的吗?

提起青花瓷,人们都知道它是景德镇四大传统名瓷之一。其瓷白中泛青、其花青翠欲滴、是典雅素静的"人间瑰宝"。但问起它的来历,人们不一定知道这里还有一个动人的传说。

青花缠枝牡丹纹罐

相传元代时,镇上有个刻花的青年工匠,名叫赵小宝。小宝有个未婚妻、名叫廖青花。

问吧
六

青花为了找到能够画瓷器的颜料，决定和舅舅进山找矿去。

三个月过去了，小宝见青花和舅舅还未归来，便冒着严寒进山去寻找他们。小宝走了三天三夜，终于来到了山前，但寻到的是舅舅和青花冻僵的尸体。在他们身旁的雪地上，还堆着已选好的石料……

青花缠枝莲纹压手杯

掩埋了舅舅和青花，小宝回到镇上，从此潜心研制画料。他将青花采挖的石料研成粉末，配成颜料，用笔蘸饱，画到瓷坯上、经高温焙烧后，白中泛青的瓷器上出现了青翠欲滴的蓝色花纹，青花瓷便从此诞生。

青花瓷的出现，突破了我国瓷器以单色釉为主的框框，把瓷器装饰推进到釉下彩绘的新时代，形成了鲜明的景德镇瓷器之风格。后人为了纪念廖青花，遂把画在瓷器上的这种蓝花称之为"青花"，把描绘这种蓝花的彩料称之为"青花料（廖）"，这两种叫法，一直沿用至今。

在陶瓷的制作里面，"雨过天青"是一种非常难于制作的颜色，因为在炉里烧出来，出炉的那一瞬间必须是烟雨天。在釉上的颜色对炉火的温度等等要求都非常高，所以，一般来说，"雨过天青"的瓷器一直是稀少而昂贵的。

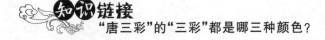知识链接
"唐三彩"的"三彩"都是哪三种颜色？

"唐三彩"一词，不见于古代文献，最早的记载是民国时期。"唐三彩"实际上是唐代彩色釉陶的总称，由于它盛行于唐代，以黄、褐、绿为基本釉色，后来人们习惯地把这类陶器称为"唐三彩"。专业研究者则多以"唐彩色釉陶"之名称呼，从严格意义上

说,后者更具科学性,因为从工艺上看,唐三彩是"釉"而算不上"彩",但"唐三彩"是约定俗成的名称,有广泛的影响,因而保持这一名称具有普遍意义。实际上,唐三彩所用的色彩还包括蓝、赭、紫、黑等。这种彩色釉陶是在汉代低温铅釉陶工艺的基础上,通过长期实践,对含有有色金属元素的各种原料有了新的认识而制作成功的。其间经历了一个由粗到精的缓慢烧造发展过程,到唐朝时,终于形成了著名的唐三彩陶器。

三彩文人俑

唐三彩的品种很多,有器物,有立体塑像,有明器,也有生活用具。从现存的各种唐三彩看,它反映了唐代社会生活最完整的手工艺品,几乎没有一种唐代手工艺品的种类可以超过唐三彩的品种。概括起来,唐三彩大致有以下几种类型:人物塑像、动物塑像(包括飞禽走兽)、生活用具、模型。

唐三彩是局限于唐代制作的三彩陶器,随着唐王朝的灭亡,唐三彩也随之消失。唐代以后,唐三彩的制作工艺在北方地区流传繁衍,其中包括契丹民族的三彩和北宋三彩,还有金代的金三彩等。但它们的艺术水平与唐三彩相比较为逊色,风格也有较大的区别。

50 "十里长亭"是十里长吗?为什么古人喜欢在长亭送别?

"十里长亭"不是十里长,而是每隔十里设一个亭子。秦汉时每十里设置一亭,以后每五里有一短亭,供行人歇脚,亲友远行也常在此话别。秦制三十里一传，十里一亭，亭设有住宿的馆舍。按秦法，亭应及时负责信使的马匹给养、行人口粮、酱菜和韭、葱等。

后来用"十里长亭"来表示送别，这是怎么来的呢？

《西厢记·长亭送别》

古代离别的缘由和性质各不相同：有的是背井离乡去外地谋生，离别亲人父母；有的是被征兵戍边，家中爱妻独守空房；有的是为了求取功名，只能在外漂泊等等，离家的缘由不同，分别的场景也各不一样。由于道路崎岖，水陆交通工具不发达，古人长途远行，或乘车船，或骑马，或步行，山河阻障，跋涉艰难，且风餐露宿，路上有各种危险，一旦离家后，很多事情都难以预料，通讯又不发达，所以自先秦时期就有祭祀路神然后登程的风俗，其意在祈求一路平安，称之为"祖"。后来这种风俗一直延续下来，一般都是路旁亭舍或在野外临时设立帷帐，准备酒肴送别行人，因此也称祖帐、祖送、祖道等。

饯行送别是古人怅惋兴悲、触动心灵之事，在古典诗词中有很多吟咏。唐王维《齐州送祖三》诗："祖帐已伤离，荒城复愁入。"宋柳永《雨霖铃》词："寒蝉凄切，对长亭晚，骤雨初歇。都门帐饮无绪，留恋处、兰舟催发。"元王实甫《西厢记》第四本三折："今日送张生赴京，十里长亭，安排下筵席"等等，文人墨客多用"长亭"这一特定场景表达离情别绪，逐渐为世人所接受，所以一般送别时都安排在十里长亭。

点石斋画报·亭榭

亭这种建筑，现在一般用来观赏，在古时候是供行人休息的地方。《释名》解释道："亭者，停也。人所停集也。"就把亭当作供人休息的场所。

后来亭的功能逐渐发生转化，在一些风景地带，经常建设一些亭，一方面供人休息，一方面也有欣赏的作用，以至于在路边的亭反而越来越退出历史舞台了。尤其是园林艺术兴起后，亭的功能被发挥得淋漓尽致。所以现在着重研究和建设的也都是景区园林的亭。

景区所建设的亭，应当是自然山水或村镇路边之亭的"再现"。水乡山村，道旁多设亭，供行人歇脚，有半山亭、路亭、半江亭等。由于景区园林作为艺术是仿自然的，所以许多园林都设亭。但正是由于园林是艺术，所以园中之亭是很讲究艺术形式的。亭在园景中往往是个"亮点"，起到画龙点睛的作用。从形式来说也就十分美而多样了。《园冶》中说，亭"造式无定，自三角、四角、五角、梅花、六角、横圭、八角到十字，随意合宜则制，惟

107

地图可略式也。"这许多形式的亭，以因地制宜为原则，只要平面确定，其形式便基本确定了。

园中设亭，关键在位置。亭是园中"点睛"之物，所以多设在视线交接处。如苏州网师园，从射鸭廊入园，隔池就是"月到风来亭"，形成构图中心。又如拙政园水池中的"荷风四面亭"，四周水面空阔，在此形成视觉焦点，加上两面有曲桥与之相接，形象自然显要。当然此亭之形象，也受得起如此待遇；如果这座亭子形象难以入目，这就叫"煞风景"。又如拙政园中的绣绮亭，留园中的舒啸亭，上海豫园中的望江亭等，都建于高显处，其背景为天空，形象显露，轮廓线完整，甚有可观性。

所以说，古老的用来送别饯行的亭，逐渐走出了实用性，走进了艺术与文化的殿堂。

51 古代没有钟表，古人是用什么计时的？

古人日出而作，日落而息，基本是围绕太阳转的。古代没有钟表，人们根据太阳的起落和人兽的活动来计时，把一天分为鸡鸣、昧旦、日出、食时、隅中、日中、日昃、哺时、日入、黄昏、人定、夜半十二个时段。由于季节的不同，具体的时间差竟达两小时。因为不太科学，终于被十二地支计时法所替代。

古人用地支（子、丑、寅、卯、辰、巳、午、未、申、酉、戌、亥）把一天分为十二个时辰，每个时辰相当于现在的两个小时，如巳时相当于九时至十一时。

另外，古代还有报更，又叫打更的计时法，把夜间分为五更：相当于现代的十九时到二十一时为一更，二十一时到二十三时为二更，二十三时到一时为三更，一时到三时为四更，三时到五时为五更。

古时夜间还有一种凭漏壶表示时刻的方法，所以漏壶又叫更漏。漏壶是中国最古老的计时器。根据史书记载,周代时已有漏壶,到春秋时期,漏壶的使用已相当普遍。初期的漏壶只有一只壶,人们在壶中装上一枝有刻度的木箭。当水从壶底的小孔漏出时,壶中水位下降,木箭会随之下沉,观测刻箭上的水

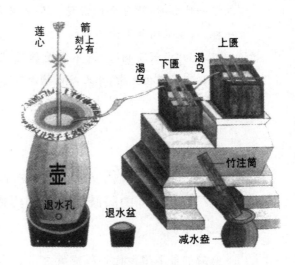

莲花漏复原图

位,便知道是什么时间了。因此,数更漏就是计数水下降到漏壶中箭的哪一个刻度,也就是计数夜晚的时刻的意思。

因此古人每天并不是很糊涂地生活,他们对时间的概念还是比较清晰的,也是比较科学的。

知识链接
"白云苍狗"是形容时间过得快吗?

人们在形容时间过得快的时候,往往用"白云苍狗"一词。提起这句成语,还有一个动人的故事呢。

唐朝有个诗人叫王季友,他的妻子嫌他穷困,离他另嫁,但世人却说这是因为王季友有外遇。杜甫为此不平,并写了《可叹》诗为王季友鸣不平。杜甫认为:这种把好人变成坏人的社会舆论,有如白云苍狗一样。诗云:"天上浮云似白衣,斯须改变如苍狗。古往今来共一时,人生万事无不有。"秋天高空白云聚成许多形状,看的人可以会意为各种动物或什物,但不大一会,就又变成别的形状。

"白云"指白色云朵;"苍狗"指黑色的狗。白云与苍狗是两种毫不相干的事物,但世情和舆论却似变幻的云彩一般。起初

可以像一件白衫，瞬息之间能使之变成黑狗。这种事古往今来都一样，人生世间是无奇不有的！

现在的"白云苍狗"一词不再是杜甫赋诗时的意思，已经引申到泛指事情变化无常，令人难以猜测了。

52 古代实施外科手术时有麻醉药吗？中国最早的麻醉药是什么？

麻醉剂是中国古代外科成就之一。早在距今两千年之前，中国医学中已经有麻醉药和醒药的实际应用了。《列子·汤问篇》中记述了扁鹊用"毒酒""迷死"病人施以手术，再用"神药"催醒的故事。

华佗像

东汉时期，我国古代著名医学家华佗发明了"麻沸散"，作为外科手术时的麻醉剂。他曾经成功地做过腹腔肿瘤切除术，肠、骨部分切除吻合术等。中药麻醉剂——"麻沸散"问世，对外科发展起到了极大的推动作用，对后世的影响是相当大的。华佗发明和使用麻醉剂，比西方医学家使用乙醚、"笑气"等麻醉剂进行手术要早一千六百年左右。华佗不仅是中国第一个，也是世界上第一个麻醉剂的研制和使用者。

麻沸散是华佗创制的用于外科手术的麻醉药。《后汉书·华佗传》载："若疾发结于内，针药所不能及者，乃令先以酒服麻沸散，既醉无所觉，因刳破腹背，抽割积聚……既而缝合，傅以神膏，四五日创愈，一月之间皆平复。"由此可知华佗当时对于脑外科和普外科及麻醉学方面已达到相当水平。

传说华佗曾经试图利用麻沸散给关羽刮骨疗毒，遭到了关羽的拒绝，结果他在没有接受麻醉的情况下进行了手术。后来华佗建议曹操进行开颅手术，也利用麻沸散，曹操不相信华佗，将他处死。麻沸散的配方被狱卒的妻子烧掉，麻沸散自此失传。

知识链接
神医华佗发明的"五禽戏"模仿了哪五种动物？

"五禽戏"是一种中国传统健身方法，由五种模仿动物的动作组成。五禽戏又称"五禽操""五禽气功""百步汗戏"等。据说五禽戏是东汉名医华佗模仿熊、虎、猿、鹿、鸟五种动物的动作创编的一套防病、治病、延年益寿的医疗气功。它是一种有刚有柔、刚柔并济、内外兼练的仿生功法。但也有人认为华佗是五禽戏的整理改编者，在汉代以前已经有许多类似的健身法。最早记载了"五禽戏"名目的是南北朝陶弘景的《养性延命录》。

华佗五禽戏

五禽戏由五种动作组成，分别是虎戏、鹿戏、熊戏、猿戏和鸟戏，每种都是模仿了相应的动物动作。每种动作都是左右对称地各做一次，并配合气息调理。五禽戏锻炼要做到：全身放松，意守丹田，呼吸均匀，形神合一。练熊戏时要在沉稳之中寓有轻灵，将其剽悍之性表现出来；练虎戏时要表现出威武勇猛的神态，柔中有刚，刚中有柔；练猿戏时要仿效其敏捷灵活之性；练鹿戏时要体现其静谧恬然之态；练鸟戏时要表现其展翅凌云之势，方可融形神为一体。常练五禽戏，可活动腰肢关节，壮腰健肾，疏肝健脾，补益心肺，从而达到祛病延年的目的。

五禽戏是中国民间广为流传的、也是流传时间最长的健身方法之一。1982 年 6 月 28 日，中国卫生部、教育部和当时的国家体委发出通知，把五禽戏等中国传统健身法作为在医学类大学中推广的"保健体育课"的内容之一。2003 年中国国家体育总局把重新编排后的五禽戏等健身法作为"健身气功"的内容向全国推广。古老的养生操走向了新的时代。

53 中国古代有医院吗？

中国类似医院的组织最迟在汉朝就已经有了。有一年黄河一带发生旱灾，瘟疫流行，皇帝刘衍选了适中的地方，较大的屋子，设置许多医生和药物，免费给老百姓治病。这可能是中国历史上第一个公立的临时性医院。另外一个名叫皇甫规的将军在甘肃陇坻一带作战，适逢军队里疫病流行，皇甫规便租赁大批民房，设置医药，把病员都集中起来一起治疗。当时军队中的这种医疗组织叫做"庵庐"，也就好比现在的野战医院。

南齐永明年间，吴兴一带大水，疫病流行，竟陵王萧子良把自己住宅拿出来，设医置药，收养贫病，这可能是中国私立慈善医院的最早形式。北魏太和二十一年（497），孝文帝曾在洛阳设立"别坊"，派遣了四个医生，购备许多药物，凡是贫穷害病无力医疗的，都可以到这里来就医。在永平三年（510），南安王曾设立专门的地点，凡是有疾病的都住在里面治疗，这可能是公立慈善医院的最初形式。

唐朝的医院都叫做"病坊"，大约在开元年间就开始有病坊的名称了，这时的病坊大多都是设在庙宇里的。不仅在长安、洛阳这样的大城市设立，就是其他各州亦有设立。因为病坊设在庙宇,主持人多属僧尼,在武宗灭佛时受到影响。后来由李德裕等人的倡议,选举乡里有声望的人来做病坊的主持人,病坊的制度终于得以保持下来。到了五代时,个别病坊曾有改名为"养病院"的,可见唐朝后不仅医院事业有很大的发展,名称亦很接近现代了。

到了宋朝,医院的规模逐渐扩大。公元1063年,宋仁宗赵祯曾以宝胜、寿圣两座庙宇为基础,各添修五十栋房屋,成立两个医院,每个医院病人名额各规定为三百人,这样的大规模医院就是现在也是可观的。苏东坡在杭州做官时,个人曾和公家合起来创办了一所病坊,名叫安乐坊,三年医好了一千以上的病人,这是中国历史上第一个公私合办医院。以后各州县都各设有医院,叫做"安济坊"。这时医院里的设置更为完备,由官方派人领导,员工方面有乳母、女使,衣被器用一律由安济坊供给,当时坊里的医生都是有相当的本领的。

宋朝医院不仅规模空前庞大,数量很多,设备完善,并且还成立了门诊部,初叫卖药所,后来改名和剂局,有医有药,便利一般群众治病,甚至外州县的病人也可以通函治疗。现在流传着一部方书,名叫"和剂局方",也就是该门诊部出版的"处方手册"。这样门诊部形式的治疗机构,人们感到非常方便,在元朝、明朝越是发展了,尤其是明朝几乎各县都有医所,而且名字都叫惠民药局,都是官办的。

进入清代和近代以来,随着社会的发展,医院也获得了巨大的进步,逐渐过渡到现代医院体系上了。

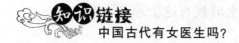

知识链接
中国古代有女医生吗?

113

在中国古代,医生并不是男人的专利,很多女人凭着精湛的医术、高尚的医德,成为著名的医生,为中国的医学事业发展作出了重要的贡献。

据史料记载,早在西汉时代,河东(今山西复县)有一个名叫义妁的女子,从小就对医学感兴趣,她十几岁时就能用上山采来的草药给乡亲们敷治外伤。在生活中只要有机会,她都会向医生虚心请教。待义妁长大后,已经学到了许多医药知识,并积累了丰富的临床经验,先后医治好了很多病人,为百姓们交口称赞。后来,义妁被汉武帝召至宫中,封为女侍医,专为皇太后治病。

在两晋时期,著名的炼丹家葛洪的妻子鲍姑也是一位名医。由于葛洪的熏陶,鲍姑也喜欢钻研医药方面的知识。她长期跟随丈夫在广东罗浮山炼丹行医,为民治病,岭南一带的民众尊称她为"鲍仙姑"。鲍姑死后,岭南人民为了怀念她,在广州越秀山下三元宫内修建了鲍姑祠。

在古代,女子不但能成为内科医生,还有的是外科专家。宋代有个著名的女外科医生,名叫张小娘子。她的医术高超,技术精湛,有丰富的临床经验。尤其是患有疮疡痈疖的病人,她往往刀到病除。后来,张小娘子又把外科技术传给丈夫,夫妇俩都成了当地名医。

女人做医生有时具有男医生所不具备的优势,比如妇科医生。明代就有一位著名的妇科女医生谈允贤,江苏无锡人。她的祖父母精通医术,所以她从小便在祖父母的指导下学习医药知识。谈允贤婚后不久得了气血失调病,她把自己所患的疾病作为研习对象,自己开方配药,终于治好了病。谈允贤从女性的角度研习妇女疾病,为女性求医提供了方便。

54 "狐狸精"是迷人、害人的妖怪,狐狸从什么时候有这个恶名的?

现在大家把"狐狸精"看做是善于运用各种手段勾引男人的"风骚"女人。其实"狐狸精"最早是以祥瑞的正面形象出现的。上古时期,就有狐之图腾崇拜,涂山氏、纯狐氏、有苏氏等部族均属狐图腾族。狐狸在封建社会,最早是受到女性的喜爱,并将它作为讨好配偶的神祇的。狐狸漂亮的皮毛、小巧可爱的身躯和狡诈精怪的脾性,在古人心目中,实在只有娇媚的女人可与之相比。狐狸还似乎代表了某种诡秘的精神,尤其是涉及女性的性格心理。

狐狸在先秦两汉的地位最为尊崇,与龙、麒麟、凤凰一起并列四大祥瑞。汉代以后,狐狸精作为祥瑞的地位急剧下降。汉代的狐仙故事较为原始,极少有积极意义。到了魏晋南北朝,狐狸才开始人化,变得法力无边,还获得了人的感情和智力。到了唐代,狐仙小说依然盛行,像《任氏》《计真》等开始大肆宣扬与狐有关的灵异事件。宋代,民间还出现了"狐王庙";明时,谈狐的作品渐少。至清代,以《聊斋志异》《阅微草堂笔记》为代表的笔记小说又大畅其说。

《三才图会》中的狐狸

据说"狐狸精"这个名称始于唐初。《太平广记》中《狐神》条云:"唐初已来,百姓多事狐神……当时有谚云:无狐魅,不成村。""狐魅"即"狐狸精",反映出"狐狸精"已作为一个独立的形象存在于人们的意识和民间信仰里。"狐狸精"化作人形,或到处做客吃喝,或上门求娶妻妾,它的情感、行为都是以人的模式来塑造的。唐代以后的志怪小说,如《容斋随笔》《聊斋志异》等,更是到处活跃着性格各异、人情味十足的狐狸精。

那么"狐狸精"又怎么成了放荡女人的代名词了呢?《搜神记》引道士云:"狐者,先古之淫妇也,其名曰阿紫。化而为狐,故其怪多,自称阿紫。"古人把狐狸视为性情淫荡、以美貌迷惑人的精灵鬼怪,再加上狐狸成精的传说和志怪小说中对众多民间妖艳、多情的狐狸精的描述,于是乎,人们的俗语中便把性感而具诱惑力的不良女性称为"狐狸精"了。

115

知识链接
为什么用"狼心狗肺"形容某些人忘恩负义呢？

"狼心"怎么和"狗肺"长在一起呢？长了这样的心和肺的会是什么呢？原来有这样一个传说：

战国时名医扁鹊往伏牛山为民治病。一天，走到一个山坡上，看到草丛中有一具尸首，像是刚死不久。他想把他救活，可是心肺已经坏了。正在犹豫，忽然一只狼从这里路过，他用手术刀一投，将狼扎死，取了它的心，安在尸首腔内；又见一只狗也从这里跑过，捉住它又取了它的肺，也安在尸首腔内。经过抢救，尸首活了，猛地站起来抓住扁鹊道："盗贼，还我财物！"扁鹊说："是我救了你的命，怎么还说我是盗贼？岂有此理！"那人拉住扁鹊死死不放，口口声声喊道："还我财物！"扁鹊无奈，一同去阳城见官。

阳城县令听了二人申诉，对扁鹊道："你趁他熟睡之际，盗他所带财物，尚未离去，被他醒后捉住，速将财物还他。"扁鹊道："此人为狼心狗肺。如若不信，当场查验。"县令点头应允。扁鹊说："把他的内脏打开看看。"那人胆怯，不愿意。扁鹊说："看看我封的刀口也可以。"那人解开怀，果然一眼看出，有新缝刀口在身。县令惊呆了，那人还想狡辩下去。这时，扁鹊一跺脚，却飘然而去……

县令急忙追赶，直追到山顶，却见他面朝东方，盘腿而坐，叫他起来，他却不言语了。县令命人查看扁鹊治病的地点，果有死狼死狗还在。只是一个没有心，一个没有肺。县令说："那人真是狼心狗肺呀！"于是将那人痛斥一番。

从此，就用"狼心狗肺"一词形容忘恩负义之人了。

55 支票上金额从什么时候开始都要用大写的？

现在支票或者其他票据上的金额数字，除了把金额写成阿拉伯数字外,还要写上大写数字,以防止有人篡改。这种做法是从什么时候开始的呢?

有关这个规定的起源,要追溯到明朝。

据史书记载,在朱元璋执政的明朝初年,发生了一件重大的贪污案——"郭桓案"。郭桓曾任户部侍郎,他利用职权,勾结地方官吏大肆侵吞政府钱粮,贪污累计达两千四百万石精粮,这个数字几乎和当时全国秋粮实征总数相等。此案牵连十二个政府高官,六个部的政府官员和全国许多大地主。

清代汇票

朱元璋对此大为震惊,下令将郭桓等同案犯几万人斩首示众,同时执行了严格的惩治经济犯罪的法令,并在全国财物管理上实行了一些有效措施,其中较重要的一条就是把记载钱粮数字的汉字"一二三四五六七八九十"改为"壹贰参肆伍陆柒捌玖拾佰仟"等。

于是,这种制度被世人所接受,并一直流传到现在。

知识链接

世界上最早的纸币为什么叫"交子"?是什么时候、在哪里使用的?

交子被认为是世界最早使用的纸币,发行于北宋时期的成都。据清《续通典·食货》记载,交子应为三年一届,因为感到铜钱与铁钱混用而不便于携带,所以发行了纸币。到神宗时,交子正式由官方所承认,熙宁初年将伪造交子等同于伪造官方文书。

最初的交子由商人自由发行。北宋初年,四川成都出现了专为携带巨款的商人经营现钱保管业务的"交子铺户"。存款人把现金交付给铺户,铺户把存款人存放现金的数额临时填写在

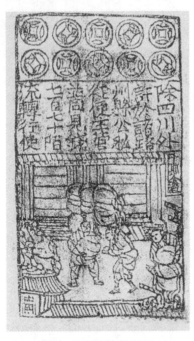

交子拓本

用楮纸制作的券面上，再交还存款人，当存款人提取现金时，每贯付给铺户三十文钱的利息，即付百分之三的保管费。这种临时填写存款金额的楮纸券称为"交子"。这时的"交子"，只是一种存款和取款凭据，而非货币。

随着商品经济的发展，"交子"的使用也越来越广泛，许多商人联合成立专营发行和兑换"交子"的交子铺，并在各地设交子分铺。由于交子铺户恪受信用，随到随取，所印"交子"图案讲究，隐作记号，黑红间错，亲笔押字，他人难以伪造，所以"交子"赢得了很高的信誉。商人之间的大额交易，为了避免铸币搬运的麻烦，直接用随时可变成现钱的"交子"来支付货款的事例也日渐增多。

正是在反复进行的流通过程中，"交子"逐渐具备了信用货币的品格。后来交子铺户在经营中发现，只动用部分存款，并不会危及"交子"信誉。于是他们便开始印刷有统一面额和格式的"交子"，作为一种新的流通手段向市场发行。这种"交子"已经是铸币的符号，真正成了纸币。但此时的"交子"尚未取得政府认可，还是民间发行的"私交"。景德年间（公元1004—1007年），益州知州张泳对交子铺户进行整顿，剔除不法之徒，专由十六户富商经营。至此"交子"的发行才取得政府认可。

宋仁宗天圣元年（1023），政府设益州交子务，由京朝官一二人担任监官主持交子发行，并"置抄纸院，以革伪造之弊"，严格其印制过程。这便是我国最早由政府正式发行的纸币——"官交子"。它比美国（1692）、法国（1716）等西方国家发行纸币要早六七百年，因此也是世界上发行最早的纸币。

"两面派"的"两面"是说两张脸吗?

"两面派"大多是指口是心非善于伪装的人,这个词是怎样来的呢?

相传元朝末年,元军和朱元璋的起义军在黄河北岸展开拉锯战。老百姓苦不堪言,谁来了都要欢迎,都要在门板上贴上红红绿绿的欢迎标语,来得勤换得也快。豫北怀庆府的人生活节俭,于是想出一个一劳永逸的办法。用一块薄薄的木板,一面写着欢迎元军的"保境安民",另一面写着"驱除鞑虏,恢复中华"。

一次,朱元璋的大将常遇春率领军队进驻怀庆府,见家家门口五颜六色的木牌上满是欢迎标语,心里高兴。可是突然一阵狂风刮来,木牌刮翻,反面全是欢迎元军的标语。于是,常遇春下令,凡是挂两面牌的人家都满门抄斩。经过一场屠杀,怀庆府的人口大减。

现在常说的"两面派"就是由怀庆府"两面牌"演变而来的。

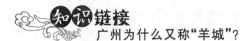

广州为什么又称"羊城"?

广州不盛产羊,所谓"羊城"与一个五羊降福的古老传说有关,在广州越秀公园有一座五羊雕像,也是描述这段传说的。

公元前九世纪,周朝的楚国在如今的广州建造了一个城邑,名叫楚庭。有一年,楚庭因连年灾害,田地荒芜,农业失收,百姓饥荒。有一天,南海的天空出现五朵祥云,上有五位仙人,身穿红橙黄绿紫五色彩衣,分别骑着五只仙羊,仙羊口衔一棵一茎六穗的稻子,徐徐降落在这座城市。仙人把稻穗赠予百姓,把五只羊留下,祝愿这里永无饥荒,然后腾空而去。从此,广州成了岭南最富庶的地方;也开始有了"羊城""五羊城""穗城"之称。广

119

州的百姓还在惠福西路修建了"五仙观"，纪念五位造福的仙人。

在今天，五羊已成为广州的城徽。细心的游客会发现，"羊城"这一别称，已渗透到广州生活的各方面：书有《羊城古钞》，刊有《羊城古今》，报有《羊城晚报》，景有"羊城八景"，乃至许多楼字商标、公司社团、名胜古迹均以"羊城"命名，仙湖街、仙邻巷、五仙门等都用"仙"字做名，可见"五羊仙"的神话影响深远。

仙人骑着羊而来，仙人五数、衣五色、羊亦五色都不是偶然的。广东的羊来自北方，这就说明五羊神话是一则史前拓殖神话，中原人早在公元前九世纪的周朝就开始南迁，并给岭南人带来了北方的文化和文明，同时也证明了广州很早就是一个移民城市。相对于狗和猪来说，羊的繁殖力强，适应力强，还有较高的经济价值，至今广东仍有"种姜养羊，本少利长"和"羊不离胎"之说。可见，五羊神话中的仙人骑羊，除象征其从北方而来之外，还有心理、道德和经济上的考虑。

如今的"羊城"已不是靠养羊发展了，它已经成为我国重要的经济城市，成为一座现代化的大都市。但是"羊城"的称号却一直没有改变，可见广州人民对这个传说的认可。

57 三国时诸葛亮所制造的"木牛流马"到底是什么东西？

《三国演义》中描写诸葛亮制造了一种运送粮草的神奇工具——木牛流马，千百年来，这一直是个谜，真的有这种神奇的工具吗？

木牛流马在历史上实有其物，最远可追溯到春秋末期。据王充在《论衡》中记载：鲁国木匠名师鲁班就为其老母巧工制作过一台木车马，能够借助机关驱使。约一千七百年后，三国时代的诸葛亮发明木牛流马，用其在崎岖的栈道上运送军粮，且"人不大劳，牛不饮食"。与王充记载鲁班木车马的寥寥数语相比，

《三国志》《三国演义》等书对诸葛亮的木牛流马的记述可算是绘声绘色、活灵活现、极为详尽了。但不知为什么，陈寿和罗贯中等对木牛流马的制作原理和工艺却不提一字。

《三国志·诸葛亮传》记载："亮性长于巧思，损益连弩，木牛流马，皆出其意。"《三国志·后主传》记载："建兴九年，亮复出祁山，以木牛运，粮尽退军；十二年春，亮悉大众由斜谷出，以流马运，据武功五丈原，与司马宣王对于渭南。"上述记载明确指出，木牛流马确实是诸葛亮的发明，而且木牛流马分别是两

诸葛亮造木牛流马

种不同的工具，从木牛流马使用的时间顺序来看，先有木牛，后有流马，流马是木牛的改进版。

裴松之在给《三国志》作注时，对木牛的形象作了描绘，对流马的部分尺寸作了记载，但是因为没有任何实物与图形存留后世，后人仍然难以识别木牛与流马的真实面目。

据《南齐书·祖冲之传》记载，后来南北朝时期的祖冲之据说造出了木牛流马，但遗憾的是他同样也没有留下任何详细的资料。不过这说明了三国时利用齿轮制作机械已为常见，后世所推崇的木牛流马，应该是一种运用齿轮原理制作的自动机械。

木牛流马究竟是什么样子的？是带轮子的还是四条腿的呢？北宋的陈师道记载是一种小车，宋代高承也有相似记载。但都没有实证材料支撑。

《三国演义》上描绘的木牛流马可以不吃不喝还能走，这显然是不符合现在科学上的能量守恒定律的，但谁也不知道历史上是不是真正有过这样一种神奇的工具。

知识链接
岳飞真的有《武穆遗书》遗世吗？

《武穆遗书》被金庸描写成一部武林秘籍，引得江湖仇杀不断，那么这本神秘的书是否真的存在呢？

其实岳飞一生有文武两部著作，但世人只见其慷慨激昂的诗词歌赋和散文（即逝后被辑成的《岳武穆遗文》），却不见那威猛无比的岳家拳谱（即后来被辑成的《武穆遗书》）。而著名作家、"黄梅通"周濯街却通过考证得出结论：《武穆遗书》在黄梅。

据考证，岳飞逝前将拳谱传给岳震、岳霆，二人隐居于黄梅聂家湾，整理出《武穆遗书》，秘而不宣，且日夜操练。在黄梅县小池镇，岳飞第二十七代后裔岳进，是闻名鄂赣皖的岳家拳传人。1986年，他参加了全国民间武术表演大会，他的岳家拳技压群雄，荣获金奖。深藏于民间的"岳家拳"和《武穆遗书》于八百年后，重新浮出水面。

作为忠烈之后，岳进深明大义，于1987年将古抄本《武穆遗书》捐献给国家，并获得三百元奖金。

又传明清之际，一个叫姬际可的人无意中在一座破庙发现了半卷《武穆遗书》，并由此创建了内家拳的第一个拳种——形意拳。此后，这半卷《武穆遗书》一直作为形意拳的镇派之宝被传下去。

不管怎么说，现在的《武穆遗书》则决不是小说中所写的那样神乎其神，传说中的武功秘籍只是人们的一种美好期望与想象而已。

58

"天字第一号"是怎么来的？

一般把排在第一位或者最好的称作"天字第一号"，这是怎么回事呢？什么是"天字"呢？

"天字第一号"最早的出处是明代凌蒙初《初刻拍案惊奇》卷十八："那女眷且是生得美貌，打听来是这客人的爱妾，日日雇了天字一号的太湖船，摆了盛酒，吹弹歌唱俱备，携了此妾下湖。"这里是说所租的船是最好的，第一号的，其他的都比不上了。为什么这么说呢？这涉及到我国古代的排序习惯问题。

古人排序依据的原则有很多，有按天干、地支排序的，有按东西南北方位排序的，有按春夏秋冬四季排序的，等等，不一而足，没有固定的规律。其中有一种方法就是使用《千字文》排序。"天"字是《千字文》首句"天地玄黄"的第一个字，所以被用来指第一或第一类中的第一号，比喻最高的、最大的或最强的。比如说科举考试中的号房，第一排就是天字号，第一排的第一个就是天字第一号。

这种排法被逐渐认同，到现在为止，还有很多人把最好的、最高的称为"天字第一号"，或者简称为"天字号"，都是这个意思。

知识链接
《千字文》是古代公务员的短信息吗？

《千字文》成书已久，是我国古代一部重要的启蒙读物与书法范本，它的功用并不是古代公务员的短信息作用，而是古代儿童的教科书。

《千字文》是南朝梁武帝在位时期编成的，其编者为散骑侍郎、给事中周兴嗣。古人多简称其为《千文》，它在"三（字经）、百（家姓）、千（字文）"中虽排在最后，但其成书时间却是最早的，也是"三、百、千"中唯一确切知道成书时间和作者的一部书。

《梁史》中说："上以王羲之书千字，使兴嗣韵为文。奏之，称善，加赐金帛。"唐代的《尚书故实》对此事作了进一步的叙述，该书说：梁武帝萧衍为了教诸王书法，让殷铁石从王羲之的作品中拓出了一千个不同的字，每个字一张纸。然后把这些无次序的拓片交给周兴嗣，让他编成有内容的韵文。周兴嗣用了一夜时间将其编完，累得须发皆白。这件事在唐宋两代多有记载，如《刘公嘉话录》《太平广记》等书都曾加以记录，其内容与《尚书故实》基本相同。

《千字文》问世一千四百多年来的流传表明，它既是一部优秀的童蒙读物，也是中国优秀传统文化的一个组成部分，得到了人们的普遍重视和喜爱，这足以使它流传到将来。《千字文》在中国古代的童蒙读物中，是一篇承上启下的作品。它那优美的文笔，华丽的辞藻，是其他任何一部童蒙读物都无法望其项背的。

直到今天，《千字文》仍然受到很多爱好古文的人士的喜爱，有的还用来作为孩子的启蒙读物，可见其影响之深远。

59 "不管三七二十一"指对什么事情都不管不顾，为什么用这个数字？怎么不说"不管三五一十五"呢？

日常口语中经常用"不管三七二十一"来表示对什么事情都不管不顾，不问是非情由，不分青红皂白，一味蛮干。那么为什么用这几个数字呢？难道不能说"不管三五一十五"或者其他的数字吗？

"不管三七二十一"这个俗语来源于齐国，同历史上著名的辩士苏秦有关。

苏秦在历史上可是赫赫有名的大人物，他字季子，洛阳轩里人，是战国时期与张仪齐名的纵横家，靠三寸不烂之舌游说诸侯，与秦国对抗。苏秦出身在一个农民家庭，但从小就胸怀大志，熟读经书与兵书，立志要做出一番大事业。他曾随鬼谷子学习纵横捭阖之术多年，后来与赵秦阳君共谋，发动韩、赵、燕、魏、齐诸国"合纵"，迫使秦国废帝退地，延缓了秦国的统一步伐。等到乐毅破齐前夕，遭车裂而死。

当初，苏秦到了齐国都城临淄，见到了齐宣王，进行游说抗秦。苏秦说："齐国都城临淄有七万户，我私自计算了一下，每户按三个男子服役，这就是三七二十一万兵，用不着再往别处征兵，仅临淄一城，就足够了。"苏秦的这个算法，显然有些夸大，当时临淄全城不可能达到每户都出三个男子当兵。即使男子，也不一定都能从军，因为还有老、幼、病、残在内。所以当时有些齐国人就说苏秦只知瞎吹，"不管三七二十一"。

后来，"不管三七二十一"成了贬斥那些缺乏实际经验、凭主观臆断的人的代名词，由于这个原因只能说"三七"，而不能用"三五"等其他的数字来代替。

知识链接

"十五个吊桶打水——七上八下"形容内心十分不安，为什么是"十五"个吊桶，而不是其他数目呢？

"七"和"八"这两个数字在中国文化中很有些独特之处。比如在中国的成语和民间俗语中，"乱七八糟""七零八落""七颠八倒""十五个吊桶打水——七上八下"等等，都与七、八有关。有意思的是，这些词语形容和描述的，往往是某种混乱的、无规律的、不确定的情形。

在古代先民思想中，"七"和"八"这两个数字与人们对自然界规律的某些认识有关，因而具有一些特定的内容。在自然界，日出日落，月圆月缺，寒来暑往，草木荣枯，种种现象都有一定周期性。古人早就发现，月亮的每一个变化周期为二

河北宣化辽墓穹隆所绘的星象图

问吧六

十八天，在此期间，月亮每天在天空上所处的位置，是一个"星宿"。同时，根据"朔""望""上弦""下弦"的不同月相，分为四个阶段，每个阶段恰巧是七天。在这样一个周期内，由于太阳、月亮对地球的引力作用，人的情绪、心理以及生理机能都会有所变化。当人们对这类变化无法解释的时候，很容易产生对"七"这个数字的神秘感。

"八"也与天文有关，比如古人从对太阳的变化规律中确定了四季，同时选定了立春、春分，立夏、夏至，立秋、秋分，立冬、冬至这八个主要节气。又进一步排出二十四节气，七十二候。另一方面，"八"更与地理有关。在有了初步的对地理方位的认识之后，古人分辨出了东、西、南、北、东南、西南、东北、西北等方位，并将天下划为八方。或许从那时起，"八"被赋予了一种涵盖最广，带有极限意义的含义。特别是传说中伏羲演八卦，用乾、坤、震、巽、坎、离、艮、兑八个字对天下万物进行了一次集大成式的分类工作，对天上地下人世间几乎所有的事情都用八卦的一套理论去解释、推演，由此，"八"的神圣性、权威性让人感到敬畏。

可能正因为这些原因，所以古人把"七"和"八"连在一起，把混乱无序的事情形容成"七上八下"。

60 为什么岔开话题时叫"王顾左右而言他"？

对谁岔开话题、转移注意力的做法可以形容为"王顾左右而言他"。这句话的出处是《孟子·梁惠王》，是孟子和齐宣王的一段对话，表达了孟子希望国君能够礼贤下士，注重国家治理的思想，同时也显现了孟子层层递进的规劝技巧。

孟子开始举了一个例子，对齐宣王说："在您的国家之内，有一个人要到楚国去，所以把老婆孩子交托给他的朋友，请予照顾。等到他回来的时候,才知道他的老婆孩子一直在受冻挨饿,那位朋友根本没有尽到照顾的责任。你说这该怎么办?"

齐宣王答道:"和他绝交!"

孟子又说:"有一个执行法纪、掌管刑罚的长官,却连他自己的部下都管不了。你说这该怎么办?"

齐宣王说:"撤他的职!"

最后,孟子说:"全国之内,政事败乱,人民不能安居乐业。你说这又该怎么办?"

"王顾左右而言他",齐宣王望着两旁站立的随从,把话故意扯到别处去了。这里的"左右"指站在殿上的随从或者大臣,"他"指其他的事情。齐宣王这时候才知道孟子前面所说的话就是为了引出最后的规劝,是直接针对自己的统治而言的。他不愿意,或者说没法正面回答孟子的质问,所以看着其他人,有意扯开了话题。

对于别人当面提出的问题,避而不答,装作没有听见,眼睛望着别处,把话头扯开。形容这类情况,后来就常常引用"王顾左右而言他"这句话,或者说作"顾左右而言他"。

知识链接
一般形容害怕时常说"噤若寒蝉",为什么会有这样的比喻呢?

形容谁害怕时常用"噤若寒蝉"一词,是说像深秋的蝉那样不说话,比喻有所顾虑而不敢说话。为什么会有这样的比喻呢?

这个成语出自南朝宋范晔《后汉书·杜密传》:"刘胜位为大夫,见礼上宾,而知善不荐,闻恶无言,隐情惜己,自同寒蝉,此罪人也。"

东汉末年,有个文人叫杜密,刚正不阿,他任太守等职期间,参加过打击宦官集团斗争,他执法严明,对宦官子弟有恶必罚,有罪必惩。杜密后来因为得罪了权贵,被革职回颍川老家。在家他仍关注国家大事,经常拜会颍川郡守、县令,畅谈天下大事。可是同郡的原在四川任蜀郡太守的刘胜辞官回家,与他迥然相

127

反，闭门谢客，什么都不做了。

颍川太守王昱找杜密说："刘胜清高，公卿屡次推举他任职，他都拒绝了。"

杜密听出王昱话中有话，提醒他出来做官，直言道："像刘胜这样的人应当为国为民多做些事情。但是他对好人不予举荐，对恶人坏事不敢揭露批评，明哲保身，一声不吭，就像冷天的知了（自同寒蝉），实乃当世之罪人；而我与他相反，让你赏善惩恶，为你尽微薄之力。"

后世将这个典故概括为"噤若寒蝉"，来指胆小怕事的人。

61 "网开三面"是怎样变成"网开一面"的呢？

宽恕人或事的时候常说"网开一面"，其实这个成语原来是"网开三面"，怎么少了"两面"呢？

"网开一面"的出处是《史记·殷本纪》："汤出，见野张网四面，祝曰：'自天下四方，皆入吾网。'汤曰：'嘻，尽之矣！'乃去其三面，祝曰：'欲左，左；欲右，右。不用命，乃入吾网。'"

夏桀是个极端残暴，放荡的人。他激起了人民的极度不满。商部落的领袖汤利用这个形势，推翻了夏朝，并在公元前十七世纪早期建立了商朝。在准备这场推翻夏朝的行动中，汤赢得了广泛的支持。

一天，汤在一片开阔的田野里散步。他看见一个人正在捕鸟。那人支开一张像笼子般的大网，喃喃地说："来吧，鸟儿们！飞到我的网里来。无论是飞得高的还是低的，向东还是向西的，所有的鸟儿都飞到我的网里来吧！"

汤走过去对那个人说："你这种方法太残忍了！所有的鸟都会被你捕尽的！"

一边说着，汤砍断了三面网。然后，像做祈祷那样，他轻轻地低声说道:"哦,鸟儿们,喜欢向左飞的,就向左飞;喜欢向右飞的,就向右飞;如果你真的厌倦了你的生活,就飞入这张网吧!"

其他部落的首领得知这件事后都非常感动。他们说:"汤真是一位贤王啊!他对鸟兽都如此仁慈,何况是对人呢?"不久就有四十多个部落宣誓效忠汤。

"网开三面"这个成语就是由此而来的。后来,人们把它改为"网开一面",可能是不期望能有"三面"都敞开的好事,只要放开"一面"就已经是极大的宽容了,所以去掉了"两面"。

知识链接

"一问三不知"表示什么都不知道,是什么问题这么难,问一次却"三"不知呢?

"一问三不知"表示什么都不知道。这句话是怎么来的呢?

据《左传·哀公二十七年》记载,苟文子说:"君子之谋也,始终皆举之,而后入焉。注谋一事,则当虑此三变,然后入而行之。所谓君子三思之义。今我三不知而入之,不亦难乎?"

公元前468年,晋国的苟瑶率兵攻打郑国,齐国为防止晋国强大,就派陈成子带兵援郑。有个名叫苟寅(文子)的部将报告陈成子说:"有一个从晋军来的人告诉我说,晋军打算出动一千辆战车来袭击我军的营门,要把齐军全部消灭。"

陈成子听了,骂他说:"出发前国君命令我说:'不要追赶零星的士卒,不要害怕大批的人马。'晋军即使出动超过一千辆的战车,我也不能避而不战。你方才竟然讲出壮敌人威风灭自己士气的话,回国以后,我要把你的话报告国君。"

苟寅自知失言,于是感慨说:"聪明人谋划一件事情,对事情的开始、发展、结果这三方面都要考虑到,然后才向上报告。现在我对这三方面都不知道就向上报告,真是有欠考虑哦。"

因此这里所提的"三不知",即对一件事情的开始、经过、结局都不了解。后人据此演化出"一问三不知"这个词来。

62 "捞油水"是获得额外好处的代名词，它同"油水"有什么关系吗？

"捞油水"被作为获得额外好处的代名词，为什么会这样呢？是什么油水可以去捞呢？

据民间传说，从前有一户人家，夫妻生活比较拮据。一天早上丈夫出门干活去了，妻子到街上肉店去买肉，要付钱时才想起家里已经是分文没有了，只好对肉店老板撒谎："老板，对不起，我忘了带银两了，肉我先拿回去，马上来付钱，你等着。"

肉拿到家后，她知道这老板是不肯赊帐的，眼睁睁看着肥得流油的猪肉买不到手，总不甘心。她想来想去，想了一个办法：把这刀肥肉拿到锅里去洗，洗来洗去，水面浮起了一层油，她就用这一锅油水来煮饭吃，那块肥肉仍旧退还给肉店。

中午，她丈夫回来吃饭时觉得奇怪："咦，今天的饭怎么这样好呢？你放了什么东西？"丈夫话音刚落，妻子就破口大骂："你穷鬼，家里穷得分文没有，哪里还有肉吃啊？如果不是我想办法，哪里有这样好吃的饭呢？"

丈夫被骂得莫名其妙，妻子把买肉的事说了一遍后，等着他表扬自己，谁知丈夫脾气更暴躁，听了一半骂个不停："你这傻婆娘，你怎么不把这刀肥肉拿到水缸里去洗呢？假使放到水缸里洗，不就有十来天好吃的吗？"

夫妻俩连打带骂，大吵大闹。隔壁邻居赶拢来，听了之后，感到非常可笑，于是故意说："天下怎么会有这样笨的女人？怎么不把肥肉放到河里去洗？假如放到河里洗，我们大家舀河水煮饭，那么全村人不是都可以吃到油饭了吗？"

后来，舀油水煮饭的事情传开啦，人们把那些贪便宜的人都以"舀油水"作比方，慢慢的"舀油水"变成了"捞油水"。这样"捞油水"这个俗语也就流传下来了！

知识链接

"分一杯羹"分的是什么羹？这"羹"真的好吃吗？

项羽力拔山兮剪纸

现在把想分得一点利益叫"分一杯羹"，这个成语说的是汉高祖刘邦的故事。

据司马迁《史记·项羽本纪》记载："彭越数反梁地，绝楚粮食，项王患之，为高俎，置太公其上，告汉王曰：'今不急下，吾烹太公。'汉王曰：'吾与项羽俱北面受命怀王，曰"约为兄弟"，吾翁即若翁，必欲烹而翁，则幸分我一杯羹。'项王怒，欲杀之。项伯曰：'天下事未可知，且为天下者不顾家，虽杀之无益，只益祸耳。'项王从之。"

当年汉王刘邦从鸿门宴上逃生之后，整顿军马，与项羽争天下。先派大将彭越引兵渡黄河，在东阿出击项羽。后又亲率大军渡河，与项羽在广武对峙数月，互有胜负。彭越则又不断地袭击项羽的粮草，使项羽首尾不能相顾，疲于奔命。

项羽对此十分恼怒，就做了一个高腿的大锅，把刘邦的父亲刘太公放在锅上，停放在一个地势较高的地方，故意让刘邦看见，然后对刘邦说："你现在如果不快快投降，我就烹杀太公！"刘邦回答说："我们都是楚怀王的旧臣，在怀王面前，北面受命，怀王曾让我们约为兄弟，所以我的父亲就是你的父亲，如果你一定要烹杀你的父亲，就请你也给我分一杯羹吧。"项羽大怒，准备杀掉刘太公。项伯劝他说："现在天下未定，而且为天下总不顾及家，把他杀掉了只能得一个骂名，也没什么好处。"项羽听了，对此无可奈何，只好作罢。

刘邦这样说，只是一个权宜之计。后世逐渐把"分一杯羹"当作分得利益的意义了。

131

63

称帮凶作"狗腿子"是什么意思？同狗有关系吗？

据传说，从前有个神医叫鬼谷子。无论什么毛病，只要他用手一摸就好，远远近近的老百姓都来请他看病，他从来不肯收钱。

神医的消息传到了县官老爷的耳朵里。这个老爷腿上正好生了一个疮，就派王解差去叫鬼谷子医腿。这王解差平时专门靠拍马屁吃饭，仗主人的权势欺压老百姓，民愤很大。鬼谷子性格很拗，推三托四不肯去。县官老爷叫王解差用绳子把鬼谷子捆到了县衙门。老爷把腿上的疮给鬼谷子看，鬼谷子讲："你的腿不会好的，除非换一条腿。"老爷讲："只要我的腿能走路，就换一条吧。你拿什么腿来换呢？"鬼谷子说："你监牢里关着许多犯人，让我去看一看，有没有好腿。"老爷答应了，打开各间牢门，鬼谷子一看，都是一些交不起租的穷人。

鬼谷子走到老爷面前说："穷人的腿都太瘦，一条也不能用。"老爷说："那就在衙门人里挑吧。"鬼谷子看看旁边站着的王解差说："这个王解差的腿或许能用。"县官马上下令把王解差的一条腿斩了下来。鬼谷子把它装到老爷身上，老爷就会走路了。

这个解差一条腿没有了，不能走路，就大喊大叫，求鬼谷子给他想办法。鬼谷子说："没有人腿好用，只有狗腿了。"王解差求腿心切，说狗腿也行。鬼谷子就给他装上一只狗腿。从此，那王解差走路就一瘸一拐了。

后来，老百姓见到王解差就叫"狗腿子"，时间久了，"狗腿子"就成了帮凶的专用名词了。

形容坏人沆瀣一气是"同流合污",它有什么来历吗?

"同流合污"是"同乎流俗、合乎污世"的简化,这个词出自《孟子·尽心下》:"同乎流俗,合乎污世。"是孟子有一次同他的学生万章谈起的。

孟子是我国古代著名的思想家,他师承子思(一说是师承子思的学生),继承并发扬了孔子的思想,成为仅次于孔子的一代儒家宗师,有"亚圣"之称,与孔子并称为"孔孟"。

孔子很厌恶那些八面玲珑、惯会奉承讨好的人。这种人虽然在乡里被称作好人,但实际上是言行不符、伪善欺世的伪君子,是道德的破坏分子。于是万章问孟子道:"既然人们都称他们是好人,他们自己也处处表现出是个老好人,为什么孔子还要称之为道德败坏者呢?"孟子答道:"这种人'同乎流俗,合乎污世'(对世俗的不合理现象只会附和),看似好人,实际根本不能起好的作用。"

后人于是把这个词简称为"同流合污",指坏人沆瀣一气,或者说是臭味相投。

64 "丑八怪"一词是怎么来的? 真的指人长相难看吗?

一般形容某人相貌丑陋时常用"丑八怪"一词,其实这个词原来并不是指相貌的,它来源于"扬州八怪"。

"扬州八怪"指的是趣味相投画风相似的一批人,"扬州八怪"究竟指哪些画家,说法不尽一致。有人说是八个,有人说不止八个,所指人物也各不相同。据各种著述记载,计有十五人之多。其中李玉芬《瓯钵罗室书画过目考》是记载"八怪"较早而又

扬州八怪之金农《弹指阁图》

最全的，所以一般人还是以清末李玉芬所提出的八人为准，即：汪士慎、郑燮、高翔、金农、李鳝、黄慎、李方膺、罗聘。至于有人提到的其他画家，如华嵒、闵贞、高凤翰、李勉、陈撰、边寿民、杨法等，因画风接近，也可以并入。不妨把"扬州八怪"看做是一个画派，一个团体，"八"既可看作数词，也可当作虚指。

"八怪"中尤以郑燮、金农、汪士慎最为著名。这些人在当时所谓的正统画派眼里一是做人不合时宜、我行我素，二是作画我从我法、推陈出新。所以被蔑称为"丑八怪"。然而，他们的怪异又入情入理，很被广大百姓喜爱，因此，一方面被主流画家和上层社会所攻击、不容，一方面又深受大众喜爱，名气大振。

"扬州八怪"究竟"怪"在哪里？"八怪"都经历坎坷，他们有着不平之气，凭着知识分子的敏锐洞察力和善良的同情心，对丑恶的事物和人加以抨击。但他们的日常行为，都没有超出当时礼教的范围。所谓的"怪"，是指他们的书画等艺术作品的风格而言的。

"八怪"不愿走别人已开创的道路，而是要另辟蹊径，不同于古人，不追随时俗，风格独

扬州八怪之汪士慎《镜天水月图》

创。他们的作品有违人们欣赏习惯，人们觉得新奇，也就感到有些"怪"了。当时人们对他们褒贬不一，其中最主要的一点，就是偏离了"正宗"，这就说明了它所以被称之为"怪"的主要缘由。

后来从"扬州八怪"演变出来的"丑八怪"一词，把这种艺术上的怪异当作相貌了。

知识链接
"金屋藏娇"的成语有什么典故吗？

"金屋藏娇"一般被用来形容家有美女或者娇妻，那么真的是有"金屋"吗？"娇"又是指谁呢？

这个成语的主人公是汉武帝刘彻及其皇后陈阿娇。汉武帝刘彻的表姐陈氏小名阿娇，世人又称她为陈阿娇或陈娇。据汉班固《汉武故事》记载："帝以乙酉年七月七日旦生于猗兰殿。年四岁，立为胶东王……胶东王数岁，公主抱置膝上，问曰：'儿欲得妇否？'长主指左右长御百余人，皆云不用。指其女：'阿娇

汉武帝刘彻

好否？'笑对曰：'好。若得阿娇作妇，当作金屋贮之。'长主大悦，乃苦要上，遂成婚焉。"刘彻幼小时喜爱表姐陈阿娇，并当众承诺如果能娶到阿娇做妻子，会造一个金屋子给她住。因此，后人把这件事情总结为"金屋藏娇"，比喻家中藏有一个可爱而美丽的夫人。

后来刘彻当了皇帝，果然娶阿娇为皇后。这个"金屋藏娇"的故事似乎是一个圆满的结局，但事实却并非如此。

陈皇后出身显贵，自幼荣宠至极，不肯逢迎屈就，所以与汉武帝渐渐产生裂痕。加上陈皇后一直没有生育，武帝越来越疏

远了阿娇。刘彻二十七岁时候，以"巫蛊"的罪名颁下废后诏书，把陈皇后幽禁于别宫长门宫内，衣食用度皇后待遇不变。幼时的承诺此时都已忘却了。"金屋藏娇"成了一个最终被抛弃的悲剧。

65 "骑虎难下"形容进退两难，为什么不说骑"豹"难下？

西汉错金铭文铜虎节

虎是比较凶猛的野兽，很难骑上去，当然就更难下来了。为什么偏偏是"虎"呢？豹子、狮子等等，不都是很难骑、也很难下的吗？

"骑虎难下"比喻做一件事情进行下去有困难，但情况又不允许中途停止，陷于进退两难的境地。这句成语的出处是《晋书·温峤传》："今之事势，义无旋踵，骑猛兽安可中下哉。"最初说的就是骑"猛兽"，包括了所有的凶猛的动物。

东晋成帝的时候，大臣温峤组织了一支联军去讨伐叛军。在战争的初期，有几路联军连连失利，军中粮食也快用完了。这种境况很让主帅陶侃着急，他生气地对温峤说："你动员我来时，说一切都已安排妥当，现在交战不久，军粮就快完了，如果不能马上供应军粮，我只有撤军。"

温峤对陶侃说："自古以来，要想打胜仗，首先得内部团结。现在我军虽然乏粮，处境困难，可如果马上撤军，不仅会让人耻笑，而且也会使叛军更加嚣张。我们目前的处境，正如骑在猛兽的身上，不把猛兽打死，怎么能够下得来呢？"

陶侃接受了温峤的劝说，率军奋勇杀敌，终于打败了叛军。

唐李白在《留别广陵诸公》诗中写道："骑虎不敢下，攀龙忽堕天。"温峤劝说陶侃的"骑猛兽安可下哉"一句话，到这里演变成了成语"骑虎难下"，表示事情发展到一定程度想要停下来已经不可能，含有进退两难的意思，于是"骑虎难下"这个成语就一直流传下来。

泥塑虎

知识链接

《三国演义》中关羽、张飞、赵云、马超、黄忠被封为"五虎上将"，赫赫有名，历史上真的有"五虎上将"吗？

在《三国演义》中，"五虎上将"威震华夏，为刘备立下赫赫战功，也为后人所敬仰。历史上真的有"五虎上将"吗？

在罗贯中的长篇历史小说《三国演义》中，刘备封手下的五员猛将关羽、张飞、赵云、马超、黄忠为"五虎上将"。《三国演义》的文学价值、艺术价值甚至娱乐价值都是不容质疑的，但演义毕竟是一部小说，虽然大约不甚违背史实，毕竟大部分内容仍然出自于作者所杜撰。而后人缺乏仔细的考证，却把小说当作了历史。

不过"五虎上将"也并非是毫无根据的。陈寿《三国志》中作传的原则，是把历史地位相同的人为一传。而在《蜀书·关张马黄赵传第六》中，把关、张、马、黄、赵这五个人列在一起，也足以说明这五人在蜀汉阵营中的地位。不过排序上却与《三国演义》上有所出入，赵云是位列最后一名的。

但《三国志》中没有具体记载这五个人是否封为"五虎上将"，而在《华阳国志》就提到：关羽为前将军，张飞为右将军，马超为左将军，皆假节钺；又以黄忠为后将军，赵云为翊军将军。这里赵云的"翊军将军"为杂号，具体有什么职权就不得而知了。

看来五个人确实同为将军，但封号并没有放在一起称"五虎

137

上将"。可能是民间流传中，将五位将军合在一起并称，同时赋予了一个威猛的称号：五虎上将！

66 为什么称两个东西一模一样为"雷同"？

"雷同"的最早出处是《礼记》。

古时有一种说法，打雷时万物都同时响应。《礼记·曲礼》上："毋剿说，毋雷同。"汉代郑玄注："雷之发声，物无不同时应者。人之言当各由己，不当然也。"意思是说，打雷的时候，万物都同时响应。人应该用自己的心去断其是非，不要取他人之说以为己语，像万物闻雷声而应那样。所以"雷同"还有"随声附和"的意思，《汉书·刘歆传》："或怀妒嫉，不考情实，雷同相从，随声是非。"就是指随声附和。

"雷同"在现在汉语中"附和"的含义基本不用了，多用来指两个东西一模一样。

知识链接
"倒楣"为什么是"遇事不利""不走运"的意思？

"倒楣"一词是江浙一带的方言，指做事不顺利或运气不好，它的产生同科举制度相关。

大约在明朝末年，"八股取士"的科举制度已经使读书人中举愈发艰难，加上考场舞弊的风气盛行，所以一般的读书人要想中举是极不容易的。为了求个吉利，举子们在临考之前一般都要在自家门前竖起一根旗杆，当地人称之为"楣"。考中了，旗杆照竖不误，考不中就把旗杆撤去，叫作"倒楣"。后来，这个词被愈来愈多的人用于口语和书面，直到现在。

当然了，科举时放榜并不是用旗杆来表示的，有着固定的程序。古代的科举考试先后有三榜：桂榜、杏榜和黄榜。"桂榜"是乡试录取举人的公告榜，因放榜时正值桂花盛开而得名；"杏榜"是会试录取贡士的公告榜，因放榜时正值杏花盛开而得名；"黄榜"则是殿试之后朝廷发布的录取进士的公告榜，这虽是用皇帝名义发布的公告榜，但却不叫"皇榜"，而是因该榜以黄纸书写的缘故名为"黄榜"。"黄榜"也叫"金榜"，且有大小之分："小金榜"由奏事处进呈于内，"大金榜"则由内阁学士加盖"皇帝之宝"的大印后张挂于外，这"大金榜"就是通常所说的"黄榜"了。

应该注意的是，在使用"倒楣"这个词语过程中，人们常把这两个字写作"倒眉"或"倒霉"，这是由于不懂得它的来源的缘故。

67 "青出于蓝而胜于蓝"的"青""蓝"是指颜色吗？

"青出于蓝"这个成语是说青从蓝草中提炼出来，但颜色比蓝草更深。这句话出自先秦荀况《荀子·劝学》："青，取之于蓝而胜于蓝；冰，水为之而寒于水。"那么它的具体含义是什么呢？

"青"是指靛青，即靛蓝；"蓝"是指蓝草，泛指可以用于制作靛蓝染料的数种植物的统称，如菘蓝、蓼蓝、木蓝等。这句话的原意是指靛青染料是从蓝草中提炼出来的，但颜色比蓝草更深。植物的颜色一般都是绿色的，那是由于含有叶绿素的缘故，各类蓝草也不例外。而靛青的颜色却并不是叶绿素构成，而是由两分子吲哚酚缩合成为的深蓝色的靛蓝分子。因此，"青（靛青）"的颜色自然要比"蓝（蓝草的自然绿色）"要深得多。这就是"青出于蓝而胜于蓝"的道理。

这个原理的发现据说很偶然。

139

早在秦汉之前，人们尚不知道靛蓝染料的还原染色机理，只是在菘蓝收获的季节，将蓝草割下后切碎浸泡出色液之后，尽快将此染液用于染色。这个过程一般很短，因此，当时在蓝草收获季节里，染匠们的工作是十分繁忙的。

有一次，一个染坊的两位染匠忙累了一天，还是没有把要染的布染完，而池子里的染液眼看就要全部变成蓝色的泥浆了。第二天，工人发现染池上面浮着许多泡沫，用染棒一搅，昨天沉淀的蓝泥不见了！二人十分惊奇，连忙用一块白布放进去浸泡，结果拿出来一看，不是原来的蓝色而是黄褐色，正在失望之际，那黄褐色的布却慢慢地变成了蓝色！无意地发现，再也用不着担心蓝草染液沉淀了，而且正可以利用它生成沉淀的原理来长期保存这种染料。

后来"青出于蓝而胜于蓝"这句话被引申为老师培养出超过自己的学生，或者后辈胜过前辈。

知识链接
景泰蓝是蓝色的吗？

景泰蓝

景泰蓝是一种瓷铜结合的独特工艺品，它是不是只有蓝色一种颜色呢？

景泰蓝这项工艺始于明代景泰，而且初创时确实只有蓝色，所以叫"景泰蓝"。现在虽然各色具备，然而仍然使用以前的名字。后来景泰蓝已变为一种工艺的名称，而不是颜色的名称。

景泰为明景帝朱祁钰年号。景帝为宣宗之子，宣宗重视铜器以及铸冶铜质，景帝在幼年期间耳濡目染，并且特别善于钻研，只是对于铸炼方面，宣宗时期已到达绝顶，没有能力再求突破，就在颜色方面另辟蹊径，以图出奇制胜，终于有景泰蓝的创制。

景泰蓝造型特异，制作精美，图案庄

重,色彩富丽,金碧辉煌,具有鲜明的民族特色,是我国金属工艺品中的重要品种。在明代景泰年间(1450—1456)最为盛行,又名"铜胎掐丝珐琅"。制作景泰蓝先要用紫铜制胎,接着工艺师在上面作画,再用铜丝在铜胎上根据所画的图案粘出相应的花纹,然后用色彩不同的珐琅釉料镶嵌在图案中,最后再经反复烧结,磨光镀金而成。景泰蓝的制作既运用了青铜和瓷器工艺,又溶入了传统手工绘画和雕刻技艺,堪称中国传统工艺的集大成者。

68 "绅士风度"的"绅士"是什么意思?它是外来语吗?

"绅士"常常作为评价一个人的言行举止用,其实最初并不具有这样的含义。

中国古代社会等级森严、尊卑分明,绅士即是其中一个特定等级阶层的称谓。"绅",本是表示等级身份的一种服饰,指的是古代士大夫束在外衣的大带,"古之仕者,重绅插笏"。由"绅"的涵义引申为"束绅之士",简称为"绅士",并进而特指有一定地位

《宾客图》中唐代官员服饰

士服

和身份的士大夫阶层。

但古代士大夫仅指当官的读书人。随着科举制度的发展，到了明清之际，谋取功名的读书人不断增多，很多人虽然取得功名，却不能为官。所以，人们就把那些不曾为官的科举士子统称为"士"。当时，"绅"与"士"有着本质的区别。到了近代，这种区别逐渐消除，无论当官不当官，一概称之为"绅士"。在近代社会中，绅士有着特殊的地位，非官而近官，非民而近民，是高于平民的一个封建等级阶层。后来逐渐演化为男士彬彬有礼，也称绅士，或者说具有绅士风度。

知识链接
"导演"一词是从什么时候开始出现的？

导演作为电影艺术创作的组织者和领导者，是把电影文学剧本搬上银幕的总负责人。作为电影创作中各种艺术元素的综合者，导演组织和团结摄制组内所有的创作人员和技术人员，发挥他们的才能，使摄制组人员的创造性劳动融为一体，其作用举足轻重，这个名字是怎么产生的呢？

二十年代初期，有一名叫陆洁的青年创办了我国影史上最早的影刊《影戏杂志》。有一次陆洁在编《影戏杂志》的稿件时，偶然发现一篇文章里有个 Director 的英词单词，便试图把这个单词翻译出来，可是他怎么也想不出确切的中文译名。不久，他的朋友在信中说已当上了学校的"教习"。陆洁一读到"教习"二字，脑子里立刻跳出了"导演"这个词，"导演"这个中文译名就这样产生了。

现在的导演已经不局限在电影等方面了，在晚会、大型活动等等方面，都有导演了，而且这个名词有时也可做动词使用，语意有所扩大。

69

称海外华人为"海外赤子",这是从什么时候产生的?"赤子"又指什么?

现在经常把海外华人称作"海外赤子",这是怎么来的呢?

其实"赤子"一词在古代指初生的婴儿,喻其心灵纯洁。《孟子·离娄下》载:"大人者,不失其赤子之心者也。"孔颖达疏:"子生赤色,故言赤子。"后来将"赤子"一词引申为子民百姓,最早见于《汉书·龚遂传》:"故使陛下赤子,盗弄陛下之兵于潢池中耳。"这里的"赤子"已经指百姓了。

那么"海外赤子"一词是怎么演进的呢?

唐贞观年间,唐太宗殿试射箭比赛,有大臣对太宗说:"人们张弓挟矢立在殿前,离您这么近,万一有狂妄之徒暗中发射,您防备不周,将危及社稷。"

太宗对大臣说:"王者视四海为一家,封域之内,皆朕赤子,朕一一推心置其腹中,奈何宿卫之士亦加猜忌乎?"后来便从中引出"海内赤子"一语。

而"海外赤子"则是从"海内赤子"转换而来的,海外侨胞热爱祖国、向往祖国,所以把自己称作"海外赤子",意指自己不论身在何地,都是祖国母亲的忠诚儿女,都是中华的赤子。又因为身在海外,所以称"海外赤子"。

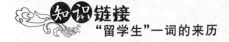

"留学生"一词的来历

"留学生"这个词是日本人创造的,同日本在唐朝时往中国派遣遣唐使有关。

唐朝时,日本政府为了吸取中国的先进文化,曾多次派遣遣唐使来中国。

遣唐使俑

　　从公元七世纪初至九世纪末约两个半世纪里，日本为了学习中国文化，先后向唐朝派出十几次遣唐使团。其次数之多、规模之大、时间之久、内容之丰富，可谓中日文化交流史上的空前盛举。遣唐使对推动日本社会的发展和促进中日友好交流作出了巨大贡献，结出了丰硕的果实，成为中日文化交流的第一次高潮。

　　遣唐使于公元895年废止，其原因除了唐朝政局动荡不安外，还有经过二百多年的吸收移植唐代文化，已基本上完成改

遣唐使船只

革;并在此基础上开始萌生具有日本特色的国风文化,因此对中国文化学习的需求已不那么迫切。而且每次遣唐使耗费巨大,加上路程艰辛,也令使臣视为畏途。而唐朝赴日贸易也不断增加,弥补了过去靠遣唐使解决对唐货的需求。因公元894年宇多天皇接受了已任命而未出发的第十九次遣唐大使的奏请,于次年正式宣布停派遣唐使。

　　遣唐使团是外交使节,在中国停留的时间不能过长,因而难以更好地吸取中国的先进文化。所以日本政府从第二次派遣遣唐使起,就同时派遣"留学生"和"还学生"。所谓"留学生"就是当遣唐使等回国后仍然留在中国学习的学生,"还学生"则在遣唐使回国时一起回国。

　　后来,"留学生"这个词就一直沿用下来,其语义也有了变化发展:凡是留居外国学习或研究的学生,都称作"留学生"。

70 "井水不犯河水",为什么是"井水"而不是"江水""海水"呢?

　　大家经常用"井水不犯河水"比喻各管各的,互不相犯。这句话的出处是清曹雪芹《红楼梦》第六十九回:"我和他'井水不犯河水',怎么就冲了他?"为什么会说"井水不犯河水"呢?"井水"和"河水"的背后有什么潜在含义?

　　我国古代先民最早是生活在河水旁边,因此长江、黄河孕育了勤劳善良的中华民族。居住在河边,汲水方便,而且河谷地区土壤相对肥沃。先民以游牧为主,生活地点基本上是因气候或自然环境而定的,所以经常迁徙。

　　井的发明是人类历史上一个伟大的、影响深远的发明。有了井之后,先民就摆脱了依赖自然气候的制约,以往仅仅居住在河谷,现在基本可以居住在任何地方了,而且有了井水,人们逐渐聚居在一起,更方便从事农业生产,才可能出现城镇,以至于

145

老子观井图

出现大的城市。这样由传统的游牧生活逐渐转变为农耕生活，社会向前迈进了一大步。

因此有的历史学者认为，"河水"其实代指的就是游牧民族，是依赖于部落之间酋长的联盟制度建立王朝的。而"井水"则代表的是定居，是农耕文明。在汉民族聚居的地方，更多的是农耕生活，所以非常早地建立了封建王朝。而从事游牧的少数民族分别在汉民族的王朝周围建立了自己的政权。

历史上游牧的少数民族经常侵扰中原的农耕民族，所以中国古代王朝一直边患不断。而以"井水"为代表的农耕民族则基本上不会主动侵扰以"河水"为代表的游牧民族，所以有了"井水不犯河水"一说。

知识链接

"你走你的阳关道，我走我的独木桥"的"阳关道"与"独木桥"指什么？

人们常用一句话："你走你的阳关道，我走我的独木桥"，以表示二者互不相关，"阳关道"与"独木桥"都是指什么呢？

阳关是中国古代陆路对外交通咽喉之地，是丝绸之路南路必经的关隘，位于甘肃省敦煌市西南的古董滩附近，故址在今甘肃敦煌西南，因在玉门关之南，所以叫"阳关"。

据史料记载，西汉时为阳关都尉治所，魏晋时，在此设置阳关县，唐代设寿昌县。宋元以后随着丝绸之路的衰落，阳关也因此被逐渐废弃。旧《敦煌县志》把玉门关与阳关合称"两关遗迹"，列为"敦煌八景"之一。

而今,昔日的阳关城早已荡然无存,仅存一座被称为阳关耳目的汉代烽燧遗址。至于阳关何时何因被掩埋,至今还无从考证。民间至今还流传着"你走你的阳关道,我走我的独木桥"的谚语。"阳关道"原指古代经过阳关通向西域的大道,后泛指宽阔的长路,也比喻光明的前途。

"西出阳关无故人"图

"独木桥"则较常见,用以比喻并不是坦途、比较难行的路。"你走你的阳关道,我走我的独木桥"表示互不相干,并不因为你的道路宽敞而盲从。

71

"五内俱焚"都指哪"五内"呢?

日常生活中,内心焦急时常用"五内俱焚"来形容,说内脏器官都被烧着了。那么这个成语是怎么来的呢? 为什么会是被烧着的感受呢? 这要提到东汉才女蔡文姬。

蔡文姬的父亲是大名鼎鼎的蔡邕。蔡文姬自小耳濡目染,既博学能文,又善诗赋,兼长辩才与音律。后来董卓作乱,父亲获罪,军阀混战,羌胡番兵乘机掳掠中原一带,蔡文姬与许多被掳来的妇女一起被带到南匈奴。这年她二十三岁,这一去就是十二年。

在这十二年中,她嫁给了匈奴的左贤王,生下两个儿子,她还学会了吹奏"胡笳",学会了一些异族的语言。

曹操平定北方后,想到老师蔡邕没有儿子,只有一个女儿。当他得知这个女子被掠到了南匈奴时,立即派周近做使者,携带黄金千两,白璧一双,要把她赎回来。

蔡文姬多年被掳掠是痛苦的,现在一旦要离开对自己恩爱有加的左贤王,分不清是悲是喜,只觉得柔肠寸断,泪如雨下。

蔡文姬归汉图

在汉使的催促下,她在恍惚中登车而去,在车轮辚辚的转动中,十二年的生活,点点滴滴注入心头,从而留下了动人心魄的《胡笳十八拍》和《悲愤诗》,在《悲愤诗》中有"见此崩五内,恍惚生狂痴",来表达自己的内心痛苦。

"五内"指五脏,即心、肝、脾、肺、肾。用"五内俱焚"来形容内心的焦急与痛苦,就像这些内脏器官都被烧着一样,充分形象地传达出这种感受。

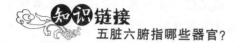

知识链接

五脏六腑指哪些器官?

一般提及内脏器官时,常用"五脏六腑"来概括,那么是指哪些内脏器官呢?

中医的"五脏"是指心、肝、脾、肺、肾,"六腑"是指胆、胃、小肠、大肠、膀胱、三焦。五脏主要是贮藏精气,六腑主要是消化食物,吸取其精华,排除其糟粕。

心是人体生命活动的主宰;肝有贮藏血液和调节器血量的功能;脾有营养物质的消化、吸收并运输全身的功能;肺"管呼吸,主气";肾有"藏精""生髓""主骨"的功能。这"五脏"是人体重要的器官,直接负责人体的呼吸、血液循环等功能。

小肠主要功能是接受食物后分别清浊;胆分泌胆汁,有助于消化食物;胃受纳食物,再经脾将营养输出,以供养全身;大肠的功能是传导糟粕之物,通过肛门排出体外;膀胱主要是贮藏和排泄尿液;三焦不是一个独立的脏器主体,而是按脏腑部位和功能分为三个部位:心、肺为上焦,脾、胃为中焦,肝、肾、大小肠、膀胱为下焦。这"六腑"同"五脏"有些重复的器官。

总之,"五脏六腑"并不是人体内部器官的全部,但却是其中最重要的一部分,它们直接决定了肌体的运行。

72 "掷地有声"是指什么东西抛在地上? 发出什么声音?

是什么东西掷在地上会发出声音呢?很多很多。但文字掷在地上会发声吗?《晋书·孙绰传》记载孙绰写了一篇文章,和朋友说:"卿试掷地,当作金石声也。""金石",钟磬之类的乐器,声音清脆优美。比喻文章文辞优美,语言铿锵有力。

晋朝人孙绰十分博学,擅长写文章。他在浙江会稽一带住了十多年,游览了这里的山山水水,遍访了这一带的文人雅士。一次,他写成一篇《游天台山赋》,内容是描写浙江天台山美好的自然风光的。

他自己对这篇文章非常得意,于是就把它拿给朋友范启看,并说:"你试着把它扔到地上,一定能发出钟磬那样响亮的声音来!"

范启不以为然地说:"恐怕它即便能发出金石乐器般的声响,也不能切合乐律的声调吧?"然而范启一读,便赞不绝口,连连称道:"这正是我们要说的话,太好了,太好了!"

后来，人们便用"掷地金声"来比喻文辞优美，声调铿锵；或是说话坚定有力，意义崇高。

知识链接
"一字千金"有典故吗？是什么字这么贵？

什么字贵到"一字千金"呢？不是书法作品，而是秦国宰相吕不韦所编写的书。

吕不韦是战国末年卫国濮阳人，原籍阳翟（今河南禹州）。他曾游说秦太子安国君宠姬华阳夫人，立子楚为嫡嗣。后子楚与吕不韦逃归秦国。安国君继立为孝文王，子楚遂为太子。次年，子楚即位（即庄襄王），任吕不韦为丞相，封为文信侯，食河南洛阳十万户。庄襄王卒，年幼的太子政立为王，尊吕不韦为相国，号称"仲父"。

吕不韦执政时曾攻取周、赵、卫的土地，立三川、太原、东郡，对秦王政兼并六国的事业有重大贡献。后因叛乱事受牵连，被免除相国职务，出居河南封地。不久，秦王政复命其举家迁蜀，吕不韦怕被半路诛杀，于是饮鸩自杀。

吕不韦执政期间，曾命手下食客编著《吕氏春秋》，有八览、六论、十二纪，共二十余万言，汇合了先秦各派学说，"兼儒墨，合名法"，故史称"杂家"。书成之后，吕不韦把"稿本"挂在首都咸阳的城门上，声称有能增删一字者赏给千金。不知是因为这书实在编得好还是人们畏惧吕不韦的权势，据说，竟没人能够拿走这笔高额的"稿费"。于是，这个故事引出了一个"一字千金"的成语。

73

"露马脚"是怎么来的？同"马脚"有关系吗？

在日常生活中，有些不想人知的事，尤其是那些弄巧成拙的事一旦败露，人们就会说是露了"马脚"。那么"马脚"是指马的蹄子吗？

"马脚"并不是指马的蹄子，而是指马氏之脚。这个词同明太祖朱元璋的夫人马氏有关。

相传，布衣出身的朱元璋，自小家境贫寒，当过牛倌，做过和尚，所以，在选择终身伴侣时，与一位同样平民出身的马姑娘结了婚。这位马姑娘长着一双未经缠过的大脚，这在当时是一大忌。朱元璋当了皇帝以后，念马氏辅佐有功，将她封为皇后。

上以威武治天下，后堂济之以宽仁。因谏曰：已有衰正好，积德不可暴怒致杀危者宽枉活人性命乃子孙之福国祚亦良。

晚笑堂画传·马皇后像

皇帝虽然对自己很好，但深居后宫的马氏却为脚大而感到不好意思，在人前从不敢将脚伸出裙外。

一天，马皇后忽然游兴大发，乘坐大轿走上金陵的街头。有些大胆者悄悄瞅上两眼，正巧一阵大风将轿帘掀起一角，马氏搁在踏板上的两只大脚赫然入目。于是一传十，十传百，顿时轰动了整个金陵。

从此，"露马脚"一词也就产生了，并被流传至今。

知识链接
朱元璋曾当过和尚，这是怎么回事呢？

明太祖朱元璋，是大明王朝的开国皇帝。汉族，原名重八，后取名兴宗，字国瑞。祖居泗州盱眙（今江苏盱眙），生于濠州钟离（今安徽凤阳东北）人，祖籍古泗州城（今盱眙县城淮河对岸），其祖父一代迁至濠州钟离。

朱元璋二十五岁时参加郭子兴领导的红巾军反抗元朝统治者的暴政，郭死后统率郭部，任小明王韩林儿的左副元帅。接着

问吧
六

以战功连续升迁，龙凤七年（1361）受封吴国公，十年自称吴王。元至正二十八年（1368），在基本击破各路农民起义军和扫平元朝的残余势力后，于南京称帝，国号大明，年号洪武，在位三十一年（1368—1398），建立了全国统一的封建政权。

朱元璋在位期间，实行了抗击外侵、革新政治、发展生产、安定民生等一系列有利于社会前进的政策，在政治、经济、军事、思想等方面大力加强君主专制的中央集权统治。鉴于元末法纪纵弛导致的各种弊端，开始使用严酷的法律。明朝的中央集权制度也达到了中国古代社会的一个顶峰。

朱元璋像

朱元璋少时穷苦，由于营养不良，瘦得皮包骨头。朱元璋父母十分迷信，认为只有观音菩萨才能救他一命，保佑他平平安安地活下去。于是，他们就把幼小的朱元璋送到附近的皇觉寺，并让朱元璋拜寺里的老和尚高彬为师。当然也有说是朱元璋活不下去才去投奔寺院的。

总之，正所谓"英雄莫问出处"，和尚出身的朱元璋最后终登大宝，成就了一代伟业。

74 为什么用"三寸不烂之舌"来夸奖某人的口才好？

一般用"三寸不烂之舌"比喻某人口才好，能言善辩。它的出处是《史记·平原君虞卿列传》："毛先生以三寸不烂之舌,强于百万之师。"

公元前257年,秦军进攻赵国,赵王派平原君到楚国去请求援兵,同时缔结联合抗秦的盟约。平原君决定带一些门客一同前去,可以帮自己出出主意。手下一个名叫毛遂的门客要求跟随前去,平原君不知道毛遂有什么本领,但还是把他带上了。

平原君与楚平王谈判很艰难,楚平王并不想因为帮助赵国而得罪秦国。门客们十分焦急,毛遂便自告奋勇上殿去看看情况。

毛遂按着剑从容不迫地走上了台阶。楚王瞧不起他,要他退下去,他却紧握剑柄,大步走到楚王面前说:"大王敢当着我主人的面对我如此无礼,不过是倚仗楚军人多势众罢了。但现在您跟我距离不到十步,大王的性命掌握在我的手里,楚军再多也没有用!"

接着,毛遂义正辞严地从历史到现实分析了楚、秦两国的关系,说明赵国派使臣来缔约联合抗秦,乃是为了救助楚国,而不只是为了赵国自己。楚王觉得毛遂说得有理,与平原君一起举行了缔约仪式。就这样,联合抗秦的大事圆满办成。

平原君回到赵国后,表扬毛遂这次的功劳说:"毛先生所讲的那些话,胜过了百万雄师!"从此,毛遂受到了平原君的重用,被奉为上宾。

后来,由此演化出成语"三寸不烂之舌",用来形容那些善于辩论、长于游说的人。

知识链接
"明察秋毫"的"秋毫"是指什么?

现在说谁目光敏锐,观察力强,往往用"明察秋毫"这句成语,它出自《孟子·梁惠王上》:"明足以察秋毫之末,而不见舆薪,则王许之乎?"

战国时期,齐宣王田辟想学齐桓公那样做霸主,他向孟子请教如何才能做上霸王。孟子告诉他要用仁义道德的力量统一天

下,同时要对国情明察秋毫,体察民情。如果现在对秋天鸟兽身上新生的细毛都能看得一清二楚,但却对眼前的一车木柴视而不见,能叫体察民情吗? 怎么能发现能人来治理国家呢? 现在不是能干不能干的事情,而是您愿干不愿干的事情。齐宣王听后豁然开朗,对孟子表示感谢。

这里的"明察"指看清的意思;"秋毫"是指秋天鸟兽身上新长的细毛。"明察秋毫"一语本来还有后半句"而不见舆薪",是说如果一个人目光敏锐得连鸟兽身上的小毛都看得清,但眼前的一车木柴却看不见,这能叫明察吗? 但是后人却只取其前半句,用来形容人目光敏锐,任何细小的事物都能看得很清楚。

75 "缘木求鱼",树上真的能捉到鱼吗?

"缘木求鱼"是说沿着树干爬上树去捉鱼。这是怎么回事呢? 到树上真的能捉到鱼吗?

《孟子·梁惠王上》记载了一则故事:

孟子和齐宣王谈话,孟子问:"大王能给我讲讲您的心愿吗? 是因为肥美甘甜的食物不够口腹享受吗? 轻软温暖的衣服不够身体穿着吗? 艳丽的色彩不够眼睛观赏吗? 美妙的音乐不够耳朵聆听吗? 左右的侍从不够使唤吗? 这些对大王都是不成问题的,难道为了这些而不高兴吗?"

宣王说:"不,我不为这些。"

孟子说:"那么,我知道大王想要什么了,就是想扩张疆土,使秦国楚国都来臣服您,四方的民族都来朝拜您。但是凭您的做法去追求实现您的心愿,真好比是爬上树去捉鱼一样(以若所为求若所欲,犹缘木而求鱼也)。"

宣王说:"不至于这样难吧?"

孟子说:"大王现在去和秦国楚国这样的大国作战,想降伏他们是很难的。您为什么不注重行仁政呢？只有仁政，才能让天下的百姓自愿地聚集到您的国家，那时候谁能阻挡大王统一天下呢？"

后来人们把孟子的话总结为"缘木求鱼"这个成语。鱼当然不可以长在树上了，所以用来比喻方向或办法不对头，劳而无功。

知识链接
"首鼠两端"怎么会是没有主见的意思？

"首鼠两端"并不是指第一只老鼠的两头，而是一个比喻，是说人没有主见。这个成语出自《史记·魏其武安侯列传》。

灌夫是汉初的勇士，大将军窦婴很赏识他。窦婴是汉景帝的母亲窦太后的堂侄，因为有战功，受封为魏其侯。武帝即位以后不久，窦太后去世，窦家的势力衰落了。这时，皇亲国戚中势力最大的要算田蚡。田蚡是汉景帝王皇后的亲兄弟，也就是武帝的亲舅舅，他仗着这种特殊关系，当上了丞相，对于失势的窦婴以及其他文武大臣，都不放在眼里。朝廷上一些趋炎附势的人都归附田蚡，此时依靠窦婴的人却很少了。灌夫因事被罢免官职，闲居在长安，他同窦婴都有牢骚，因此关系很好，常在一起交流。

田蚡续娶时，满朝大臣都去贺喜。灌夫很瞧不起田蚡，不愿意去，窦婴再三劝说，才勉强一同前往。在宴会上，田蚡见灌夫破口骂人，立即下令把他逮捕，把他关入监牢，并把灌家亲属全部拘禁，准备满门处死。窦婴一怒之下，揭露了田蚡的贪污舞弊等罪行，田蚡也就诬控窦婴、灌夫意图谋反。两大皇亲一直吵到朝廷上，找皇帝评理。

汉武帝也难于决断，就叫大臣们发表意见。御史大夫韩安国（长孺）为了不得罪双方，就说，魏其侯说，灌夫平时有功无过，酒后失言，也没什么重罪的，说的在理；丞相说，灌夫胡作非为，罪应除法，这话也不错。究竟怎么处理，还是凭陛下圣明定夺！其余大臣只是敷衍了几句，大家不欢而散。

田蚡坐车离宫，在宫门口看见韩安国正在前面走，就叫他上车同行，埋怨他道："与长孺共一老秃翁，何为首鼠两端？"就是说：长孺！你应当同我一起对付那个秃翁（窦婴），为什么首鼠两端呢？"首鼠两端"这个词于是产生，指的是又要顾这头、又要顾那头的意思。比喻疑虑不决，像老鼠一样多疑，总是两头观望，畏首畏尾。

76 "马首是瞻"最初是指打仗时的方向，怎么成了听话的代名词？

现在说听谁话常用"惟谁马首是瞻"，其实这句话是指打仗时主帅的行动方向。这句成语的出处是《左传》。

战国时，晋国联合了十二个诸侯国讨伐秦国，指挥联军的是晋国的大将荀偃。荀偃原以为十二国联军攻秦，秦军一定会惊慌失措。不料景公已经得知联军军心涣散，战斗力并不强，所以毫不胆怯，准备和他们开战。

荀偃没有办法，只得硬着头皮迎战，他向全军将领发布命令说："明天早晨，鸡一叫就开始驾马套车出发。各军都要填平水井，拆掉炉灶。作战的时候，全军将士都要看我的马头来定行动的方向。我向哪里跑，所有的将士都要跟着我（唯余马首是瞻）。"

想不到荀偃的下军将领认为，荀偃这样指令太专横了，于是他说："晋国打仗还没有过这样的命令，为什么要听他的？好，他马头向西，我偏要向东。"将领的副手说："他是我们的头，我听他的。"于是也率领自己的队伍朝东而去：这样一来，全军顿时混乱起来。

荀偃失去了下军，仰天叹道："既然下的命令不能执行，就不会有取胜的希望，一交战肯定让秦军得到好处。"他只好下令将全军撤回去。

后来"马首是瞻"这句话就流传开了，本意是作战时士兵看着主帅的马头决定行动的方向，现在用来比喻服从指挥或者乐于追随，演化成了听话的代名词。

"鸣金收兵"的"金"指什么?

古代行军打仗,闻鼓则进,闻金则退。《荀子·议兵》:"闻鼓声而进,闻金声而退。"意思是击鼓号令进攻,鸣金号令收兵。击鼓和鸣金是古代军事指挥的号令。击鼓就是敲战鼓,鸣金就是鸣"钲",并非鸣"锣"。"钲"是古代的一种乐器,是指军队中用于作战信号的工具。钲,形似钟而狭长,上有柄,用铜制成。《说文解字》:"钲,铙也,似铃,柄中上下通。""鸣金收兵"就是用敲钲发出信号撤兵回营,比喻战斗暂时结束。

关于"击鼓鸣金"的来历,有个传说:

黄帝在与蚩尤作战时制造的是革鼓。他从东海流波山上猎获了一种叫做"夔"的动物,它的形状像牛,全身青黑色,发出幽幽的光亮,头上不长角,而且只有一只脚。这种动物目光如电,叫声如雷,十分威武雄壮。当时黄帝为它的叫声所倾倒,就剥下它的皮制成八十面鼓,让玄女娘娘亲自击鼓,顿时声似雷霆,直传出五百里。但是收兵时不能再击鼓了,所以就鸣金来召唤士兵。这就是后世"击鼓进军,鸣金收兵"的来历。

三星虎纹钲

77

麻烦别人或请人帮忙时为什么常说"借光"?

麻烦别人或请求别人给以帮助时大家经常说"借光",或者在借路通过时也会这样说,那么借的是什么"光"呢?这个词是怎么产生的呢?

这里有一个民间故事,介绍了"借光"一词的产生。

问吧
六

据说齐国有一个贫家女孩叫徐吾，她经常与邻居的女孩们在一起纺线绩麻，有时候干活到很晚，大家就点上蜡烛。每天晚上点的蜡烛都是由每个女孩从自己家中带来的。

徐吾因为家里很贫穷，所以带的蜡烛最少，一起干活的女孩们逐渐就不高兴了，有一个姓李的女孩便对其他人说："徐吾带的蜡烛不够，以后就不要她和我们一起干活了。"

徐吾听了她的话，为自己辩解说："这样说是没有道理的，也是不友好的。大家都知道，我每天来得最早，休息得最晚，天天都在打扫卫生等待你们的到来，坐的时候也自觉地坐在下面。这都是因为我穷，自知带的蜡烛少。何况，同一个屋子里，多我一个人，烛光也不会明亮一些，而我只是借东墙上的余光，每天来干自己的活。所以大家不要吝啬你们的余光，我用的光并不影响你们什么。这样一举两得，难道不是一件好事吗？"

女孩子们听了徐吾的一番话，觉得很有道理，于是大家也无话可说了。从此，徐吾仍旧和大家一起纺线绩麻，也不再有人因为她带的蜡烛少而埋怨了。

后来，由这个故事产生了"借光"这个词。

知识链接

人们常说的"借刀杀人"，是借"谁"的刀去杀什么人呢？

日常生活中，把自己不出头，借别人来实现自己的目标叫"借刀杀人"。为什么会"借"别人的"刀"来实现自己的目的呢？最初真的是"杀人"吗？

这个词最早出现在明朝汪廷讷《三祝记·造陷》里："恩相明日奏仲淹为环庆路经略招讨使，以平元昊，这所谓'借刀杀人'。""借刀杀人"常常是两军对阵时所采取的一种谋略。

后来人们把"借刀杀人"引入到"三十六计"中，是根据《周易》六十四卦中《损》卦推演而得。此卦认为，"损""益"不可截然划分，二者相辅相成，其核心主要体现在善于利用第三者的力量，或者善于利用制造敌人内部的矛盾，达到取胜的目的。借刀杀人,就是为了保存自己的实力而巧妙地利用矛盾的谋略。当敌方动向已明,就千方百计诱导态度暧昧的友方迅速出兵攻击敌方,自己的主力即可避免遭受损失。

现在"借刀杀人"在军事上应用的较少了,更多的是在社会生活中使用,比喻自己不出面,借别人的手去害人。

78 孔子所说的"三月不知肉味"跟音乐有关,这是为什么?

《孔子圣迹图》:孔子听到相传虞舜时的乐曲《韶》以后,竟然"三月不知肉味"

如果一个正常人三个月不知道肉味,那么一定是他的舌头有问题了。可是孔子却说自己"三月不知肉味",又和音乐有关,这是什么原因呢?

这句话出自《论语·述而》:"子在齐闻《韶》,三月不知肉味,曰:'不图为乐之至于斯也。'"孔子精通《诗》《书》《礼》《易》,也颇为擅长音乐,但还没达到精通的程度。他听说周天子的大夫苌弘,知天文,识气象,通历法,尤其精通音律,于是专门来苌弘家拜访。

孔子说:"我很喜爱音乐,但一直不能参透其中的妙处。据说韶乐和武乐都很高雅,都流行于诸侯国的宫廷之间,二者的区

159

别在哪里呢？"

苌弘缓缓地说："我认为，韶乐，乃虞舜太平和谐之乐，曲调优雅宏盛；武乐，乃武王伐纣一统天下之乐，音韵壮阔豪放。就音乐形式来看，二者虽风格不同，都是同样美好的。"

孔子进一步问："那么，二者在内容上有什么差别吗？"

苌弘回答说："从内容上看，韶乐侧重于安泰祥和，礼仪教化；武乐侧重于大乱大治，述功正名，这就是二者内容上的根本区别。"

孔子恍然大悟地说："如此看来，武乐，尽美而不尽善；韶乐则尽善尽美啊！"

第二年孔子出使齐国，正逢齐王举行盛大的宗庙祭祀，孔子亲临大典，有机会真正聆听韶乐和武乐的演奏，喜爱得不得了，甚至是"三月不知肉味"。后来，"三月不知肉味"就被用来形容对某种事物的痴迷程度，并不是真的品尝不出肉的味道。

知识链接

为什么把非常想念叫"一日不见，如隔三秋"？真的是隔了三个秋天吗？

朋友或恋人之间分别后相互思念，经常用"一日不见，如隔三秋"来形容，以表示度日如年的焦急心情。这句成语出自哪里呢？"三秋"又真的是过了三个秋天吗？

这成语出自诗经里的《采葛》：

彼采葛兮，一日不见，如三月兮！

彼采萧兮，一日不见，如三秋兮！

彼采艾兮，一日不见，如三岁兮！

这是一首情诗，主角是一位姑娘和思慕她的小伙子。两个饱受相思之苦的人一天没有见面，就会觉得好像经过三月、三季、三年那么久。虽是夸张，却写得入情入理，真实地反映出了那度日如年的情思；本诗运用了回复的章法，就更加强了这情思的感染力。

后来被概括成"一日不见，如隔三秋"（也有"一日三秋"）的成语,既可用来表达情人、夫妻之间的缠绵,也可用来形容投缘的朋友之间相互牵挂、难舍难分。这里的"秋"用来指代季节,并不一定是秋天,只是形容时间的长度单位而已。"三"是虚指,很多或很长的意思,而不一定是"三个"。

79 "引狼入室"真的是把险恶招引进来了吗?

"引狼入室"比喻自己把坏人或敌人招引进来,结果给自己带来了不可想象的麻烦。其实古人并不把狼当作是阴险凶恶的动物,而是怀着比较友好、甚至是崇敬的心情对待狼。这是怎么回事呢?

远古的人们把狼的形象画在石壁上时,心中充溢着敬仰之情。在上古时候,人们是捕食动物为生的,所以相信捕食动物为生的狼属于另外一些种族,而它们的本领甚至比人还要强,所以认为狼身上存在着一种神奇力量。他们认为狼是一种不可思议的动物。从自然历史的进化来看,狼也是世界上发育最完善、最成功的大型肉食动物之一。它具有超常的速度、精力和能量,有丰富的嚎叫信息和体态语言,还有非常发达的嗅觉;它们为了生活和生存而友好相处,为了哺育和教育后代而相互合作,其突出表现在群体社交和相互关心方面,可以说仅次于灵长目动物。有的部族甚至存在狼图腾,把狼当作自己的祖先加以敬仰,把这种动物作为自己部落的标志。所以那时候如果能"引狼入室"的话,一定是非常兴奋和认为幸运的事情。

随着社会的进步,人类制造工具的本领越来越强,对自然的征服活动也越来越深入,对狼的崇拜也逐渐消退。所以狼就逐渐和其他的猛兽一样,被当作是凶恶的象征。"引狼入室"也就成为了招致危险的意思。最早使用这个词语的是元张国宝《罗李郎》:"我不是引的狼来屋里窝,寻得蛐蜒钻耳朵。"于是引申出

"引狼入室"一词,这个词语的含义就被固定下来。

知识链接
"登堂入室"是指走进房屋吗？它还有什么其他的寓意呢？

这个成语出自《论语·先进》:"由也升堂矣,未入于室也。"比喻学问或技能从浅到深,达到很高的水平。由此演化出"登堂入室"这个词。提到"登堂入室",就要讲到古代房屋的建筑情况。

轩辕明堂图

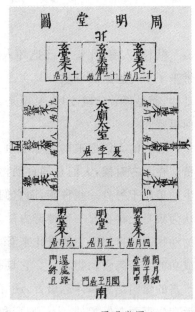

周明堂图

古代建筑讲究制式,名称也自然有所不同。古代的正房有堂和室之分,一般是前堂后室。正房的中间部分一般比较宽大,用来接待客人,这里叫做"堂"。比如医生坐在房屋中间看病叫"坐堂";像衙门也是这样,中间的部分叫大堂,官员坐在那里审理案子叫"升堂"。由于这里比较明亮,所以有"亮堂"一词。后来把大的房屋也叫做"堂",如:礼堂、食堂、店堂、名堂等,祝福的词语有"金玉满堂""四世同堂"等。

因为"堂"有尊贵的含义,所以在家族中只有地位重要的成员才有资格在那里起居。在中国传统中,宗族的概念也可以用"堂"来表示,如"堂兄弟"。

"室"一般建筑在堂的后面,是生活起居的地方,所以现在还叫"卧室"。一般"室"是比较私人的地方,轻易不会让外人进入的。而要进入室,则必须先经过前面的堂。

因此"登堂入室"指由前面的堂进入后面的室,也就是由普通礼节性接待客人的堂进入到显示比较亲密的、或者私密的室。后来演化为指学问或技能由浅入深,进入到更高的层次。

80 "牺牲"是指为了光荣的事业献出生命,但其本义并不是指死亡,那么它指什么呢?

《孔子圣迹图》中祭孔的场面

"牺牲"在古代并不指死亡,古汉语"牺"和"牲"是两个名词性语素。"牺"指宰杀后供宗庙祭祀用的毛色纯正的牲畜。《尚书》:"今殷民乃攘窃神祇之牺牲。"是说现在殷地的老百姓盗窃祭祀的牲畜祭品;"牲"泛指宰杀后供祭祀和食用的牲畜。《周礼》:"食用六谷,膳用六牲。"所谓"六牲",就是"六畜",即《三字经》所说的"马牛羊,鸡犬豕,此六畜,人所饲"。郑玄注释《周礼》说:"六畜,六牲也。始养之曰畜,将用之曰牲。"这里指明了"畜"和"牲"的区别:牲畜在饲养时,叫"畜",而宰杀后供祭祀和食用

163

时叫"牲"。

古人认为马是重要的交通工具，因此马肉是不能吃的。六畜中可供食用的牛、羊、猪、狗、鸡被称为五牲，其中用于祭祀的牛、羊、猪最为重要，被称为"三牲"。为了祭祀祖先和神灵，古人宰杀了牛、羊、猪，用"牺牲"来表示对祖先神灵的虔诚和敬畏。

后把"牺牲"这个词引申成——为了正义的事业和伟大的目标而舍弃生命，如"流血牺牲""为国牺牲"等。再后来，也指为国为公而舍弃财物、时间或利益，如"牺牲休息时间""牺牲个人利益"等。应着重说明，古汉语的"牺牲"是名词，而引申为现代新义之后，"牺牲"的词性就演变为动词了。

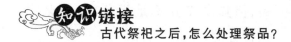

知识链接
古代祭祀之后，怎么处理祭品？

《农书》中祭祀祖先的场景

对于不同的祭品，古人采用了不同的处理方式，主要有如下几种方式：

（1）燔烧，祭天神使用。西周以前关于"天"的观念还不明确，每天都要举行迎接日神和恭送日神的仪式，并且在仪式上杀牛和杀羊以作牺牲。周代开始，迎送日神之礼不再举行了。在古人看来，天神在上，把牺牲焚烧了，燃起的烟气升腾，直达高空，容易被天神接受。

（2）灌注，祭地神使用。《周礼·大宗伯》说："以血祭，祭社稷。"灌注的方法就是把用来祭祀地神的血和酒灌注于地，血、酒很快就渗透到地下，人们认为这样神能够接受到。

（3）瘗埋，就是挖坑将祭品埋没，祭山神和地神使用。《山海经》中保存着丰富的山神崇拜资料，其中所列各种山神的祭法中，瘗埋占绝大多数。祭地神时除将血、酒灌注于地，其他祭品则要挖坑瘗埋。人们认为只有将祭品埋于地下，地神才会知道人们正在祭祀他，才能接受祭品。

（4）沉没，祭水神使用。《竹书纪年》《帝王世纪》等书中有帝尧沉璧于洛水以祭洛神的记载。周代以后，沉祭仍很盛行，认为水神居住在水下，将祭品沉入水中，容易被水神接受。

（5）悬投，祭山神使用。"悬（县）"又叫"升"，就是把物品悬挂起来礼神；"投"就是将祭品投放于山中地上，就是将祭祀用的璧和玉投掷远处，而不陈列祭具。

不管是哪种处理祭品的方式，都表达了人们对神灵的虔诚心情，真诚地希望这些祭品能够为受祭祀的神灵享用。

81 "尽地主之谊"是主人尽招待客人的责任，"地主"指什么？为什么把主人又叫"东家"？

一般来了客人，主人总要盛情款待，以"尽地主之谊"，为什么这么说呢？这句话出自《左传·哀公十二年》："子服景伯谓子贡曰：'夫诸侯之会，事既毕矣，侯伯致礼，地主归饩，以相辞也。'"杜预注："侯伯致礼，以礼宾也。地主所会，主人也。饩，生物。"指的是主人对所到来的客人要以礼待之，后来演变成"地主之谊"，意思是当地的主人对来客接待的礼节和饮食馈赠等情谊，而"地主"也就指主人。

主人有时也称"东家"，这是怎么回事呢？为什么不称"西家"或"南家""北家"呢？这是因为我国古代认为东方是正统，自古以东为上为大，"东家"为正宗的人家。"东"位就是代表主人。我们平常所说的"做东""东道主"中也包含了这个意思。

在古代《周易》的星相学说中，东南西北四宫各有四大神兽

165

镇守,东宫苍龙,南宫朱雀,西宫白虎(咸池),北宫玄武。其又各属有七个星宿,合计二十八星宿。东宫所辖七宿是:角、亢、氐、房、心、尾、箕。《史记·天官书》记载:"东宫苍龙,房、心。""龙"作为华夏民族的图腾,是吉祥、长久的象征,古代帝王以龙子自居,因此以"东"为尊也就可以理解了。

知识链接
为什么用"宾至如归"形容对客人招待得非常好呢?

"宾至如归"是说客人来到这里就如同回到自己家里一样;形容招待客人热情周到,来客感到满意。这个成语来源于《左传·襄公三十一年》:"宾至如归,无宁灾患,不畏盗寇,而亦不患燥湿。"

子产是春秋时郑国的大夫。公元前 542 年,子产奉郑简公之命出访晋国。当时,正遇上鲁襄公逝世,晋平公借口为鲁国国丧致哀,没有迎接郑国使者。子产就命令随行的人员,把晋国宾馆的围墙拆掉,然后赶进车马,安放物品。

晋平公得知这一消息,吃了一惊,派大夫士文伯到宾馆责问子产。士文伯说:"我国为了防止盗贼,保障来宾安全,特意修建了这所宾馆,筑起厚厚的围墙。现在你们把围墙拆了,其他诸侯来宾的安全怎么办呢?"

子产回答说:"我们郑国是小国,这一次我们前来朝会,偏偏遇上你们的国君没有空,既见不到,也不知道进见日期。我听说过去晋文公做盟主的时候,自己住的宫室是低小的,接待诸侯的宾馆却造得又高又大。宾客到达的时候,样样事情有人照应,能很快献上礼品。他和宾客休戚与共,你不懂的,他给予教导,你有困难,他给予帮助。宾客来到这里就像回到自己家里一样。可是,现在晋国铜鞮山的宫室有好几里地,而让诸侯宾客住的却是奴隶住的屋子。我们不能翻墙进去,如果不拆掉围墙,让这些礼物日晒夜露,就是我们的罪过了。如果让我们交了礼物,我们愿意修好围墙再回去。"

士文伯把情况报告了晋平公,平公感到惭愧,马上接见子产,隆重宴请,给了丰厚的回赠,并下令重新建造宾馆。

后来"宾至如归"这句成语就流传开来,形容对客人招待得很好之意。

82 为什么求人开恩时说"高抬贵手"?

求人开恩、饶恕时往往说"高抬贵手",是谁的"手"这样尊贵呢?为什么会这样说呢?

原来,旧时乡下演戏,往往先由乡绅们出钱,包下戏班子在祠堂庙宇中演出,然后他们再向群众卖票赚钱,群众凭票进场看戏。

戏场当然只开一扇边门,由一个五大三粗的壮汉把门收票。无人进场时,这些看门的双腿跨在门槛上,双手挺在门框上,以防无票的溜进去。

农村的孩子很想看戏,但又无钱买戏票。有的孩子便瞅空边向守门壮汉哀求,一边看着看门人的脸色,看到他们态度好一些,就央求说:"叔叔,请您把胳膊抬高一点吧!"于是孩子便趁势从看门的胳肢窝下钻进去看戏了。

后来,文人便把"请抬高胳膊"雅化为"高抬贵手",意思就是请人"开恩",推而广之,便是应用于各种场合的求情了。

知识链接
"上下其手"指的是什么呢?

"上下其手"比喻玩弄手法,串通作弊。《左传·襄公二十六年》记载:伯州犁有意偏袒公子围,叫皇颉作证,并向皇颉暗示,举起手说:"夫子为王子围,寡君之贵介弟也。"把手放下说:"此

167

问吧
六

子为穿封戌,方城外之县尹也,谁获子?"

春秋楚襄王二十六年,楚国出兵侵略郑国。以当时楚国那么强大,弱小的郑国,实在没有能力抵抗,结果,郑国遭遇到战败的厄运,连郑王颉也被楚将穿封戌俘虏了。战事结束后,楚军中有楚王弟公子围,想冒认俘获郑王颉的功劳,说郑王颉是由他俘获的,于是穿封戌和公子围二人便发生争执,彼此都不肯让步,一时没有办法解决。后来,他们便请伯州犁做公证人,判定这是谁的功劳。

伯州犁的解纷办法本是很公正的,他主张要知道这是谁的功劳,最好是问问被俘的郑王。于是命人带了郑王颉来,伯州犁便向他说明原委,接着手伸二指,用上手指代表楚王弟公子围,用下手指代表楚将穿封戌,然后问他是被谁俘获的。郑王颉因被穿封戌俘虏,很是恨他,便指着上手指,表示是被公子围所俘虏。于是,伯州犁便判定这是公子围的功劳。

"上下其手"这句成语便是出于这个故事,表示枉法作弊,颠倒是非的意思。

83

"小巫见大巫"是两个巫师见面吗?

"巫"是旧时装神弄鬼替人祈祷的人。"小巫见大巫"原意是小巫见到大巫,法术无可施展。后比喻相形之下,一个远远比不上另一个。这个成语同东汉名士陈琳有关。

三国时,陈琳与张纮是同乡好友,陈琳在魏国做官,张纮在东吴当谋士。两人都很有文学才华,经常互通书信。有一次张纮写了一篇关于栩榴枕的赋,陈琳见到了这篇赋后,赞赏不已。后来张纮也看到了陈琳写的《武库赋》和《应机论》,也是赞赏有加,并给陈琳写了一封信,并表示要好好地向他学习。

陈琳见信后也很是感动,在回信《答张纮书》中谦虚地说:我生活在北方,文化落后,与天下的文人学士交往很少。只是这里能写文章的人不多,所以我的文章显得比较突出,得到了大家过分的称赞。我和你、张昭两人相比,差距实在太大了,"所谓小巫见大巫,神气尽矣"。就好像小巫遇见大巫,没法施展巫术了。

陈琳用了一个比喻,说巫师的法术高低,是靠比较才能显出来的。那么法术低微的巫师见了法术高明的巫师,那点儿法术就使不出来了。后来"小巫见大巫"被用来指水平高下分别明显,并不是真正有大、小两个巫师见面了。

知识链接
为什么说"鸡肋"食之无味、弃之可惜?

"鸡肋"本是食品,为什么成了食之无味、弃之可惜的东西了?这个词同曹操有关。

据《后汉书》记载,曹操伐蜀时,进攻不力,退兵又不甘心,正在进退两难之时,厨师给他送来一碗鸡汤。正巧夏侯惇进帐来,请示夜间巡逻的口号。曹操看到碗里的鸡肋,随口说道:"鸡肋!鸡肋!"于是夏侯惇传令官兵,巡夜的口号是"鸡肋"。

行军主簿杨修听到"鸡肋"做口号,便教随行军士收拾行装,准备归程。有人报知了夏侯惇。夏侯惇大吃一惊,过来询问原由。

杨修说:"听到今夜的号令,就知道魏王很快就要退兵了。鸡肋这东西,吃着没什么肉,扔了又可惜。正像魏王现在的心情,进攻不能取胜,撤退惟恐别人耻笑。"于是夏侯惇也命手下军士收拾行囊,准备撤军。

正巧曹操晚上睡不着,于是出来巡帐。看到夏侯惇营中士兵正在收拾行囊,大惊失色,急招夏侯惇问明原由。曹操勃然大怒,下令将杨修斩首,以警告三军。

杨修所解释的"鸡肋",是结合曹操当时进退两难的心情而言的,认为大军进也不是,退也不是,所以并不是鸡肋本身的味道不好,而是借题发挥,有所指的。后来"鸡肋"一词就被作为进退两难的意思使用了。

84 "飞黄腾达"往往用来比喻升迁的迅速,它有什么含义吗?

　　"飞黄"又作"乘黄",是传说中的神马名字;"腾达"原来是"腾踏",指上升的态势,形容神马飞驰貌,像飞黄神马似的很快地上升着。这个词形容骏马奔腾飞驰,比喻骤然得志,官职地位很快高升。也写作"腾踏飞黄"。这个词是怎么来的呢?

唐舞马纹银壶

　　据说"唐宋八大家"之首韩愈的儿子韩符少年时十分贪玩,不喜欢读书,韩愈专门写《符读书城南》诗教育儿子:

　　两家各生子,提孩巧相如。
　　少长聚嬉戏,不殊同队鱼。
　　年至十二三,头角稍相疏。
　　二十渐乖张,清沟映污渠。
　　三十骨骼成,乃一龙一猪。
　　飞黄腾踏去,不能顾蟾蜍。

　　韩愈在诗中对他儿子讲了一个故事:有两家人家,各生了一个儿子。这两个孩子在幼儿时长得很像,都很活泼可爱;稍长大一些后,也经常在一起玩耍,如同一块儿游着的小鱼似的,简直没有什么区别。可是到了十二三岁的时候,却渐渐看出有些不同了;到了二十来岁,这种不同就尤其明显了:一个高洁明澈,像清水沟;一个庸俗秽垢,像污水渠。到三十岁左右,一个像腾云驾雾、呼风唤雨的龙,一个却像愚蠢无能、只图饱暖的猪;一个像飞黄一样奔腾前进,对于另一个远远落在后头的癞虾蟆似的东西根本不顾上了。

　　"飞黄腾踏",形容神马的飞驰,后来人们都写作"飞黄腾达"，借喻发迹高升、贵显得志，有时也用来比喻事业兴旺。

知识链接
"马上"形容时间短，它同骑马有关系吗？

现在大家说很快就要怎么样时，常用"马上"一词，比如"我马上就来"等等。本来是形容时间比较短的意思，为什么和"马"联系起来呢？难道是骑着马比较快的意思吗？

"马上"最初的意思就是"在马背上"，多指征战武功，古代有"马上得天下"一说。《史记·郦生陆贾列传》："陆生时时前说称《诗》《书》。高帝骂之曰：'乃公居马上而得之，安事《诗》《书》！'陆生曰：'居马上得之，宁可以马上治之乎？且汤、武逆取而以顺守之，文武并用，长久之术也。'"这里的"马上"就是指征讨天下的武功而言，并没有表示时间的意思。后来就把"马上得天下"为武功建国之典。

由于"马上"具有以武取得功劳的意思，后来就用"马上"指比喻在职做官。到了元代才有"即时、立刻"的意思。元朝由蒙古族建立，蒙古族是马上民族，以狩猎为生，蒙古骑兵素以作战征讨勇猛著称，行动迅猛，速度很快。可能是由于这个原因，"马上"就有了表示速度快、时间短的含义。元无名氏《陈州粜米》第三折："爷，有的就马上说了罢！"明唐顺之《请游兵疏》："命下之后，即便马上差人赍文星驰付山西保定二巡抚处。"用的都是这个意思。后来，"马上"一词就被大家所接受，并转化为表示时间的含义了。

便桥会盟图（局部）

85

"水性扬（杨）花"为什么指女子风流?

"水性扬花"在旧时用来形容用情不专、作风轻浮的女子。最早使用这些意向的都是在一些文学作品中,如明无名氏《小孙屠》:"你休得假惺惺,杨花水性无凭准。"《说唐》第五十八回:"张、尹二妃终是水性杨花,最近因高祖数月不入其宫,心怀怨望。"清曹雪芹《红楼梦》第九十二回:"大凡女人都是水性杨花,我要说有钱,他就是贪图银钱了。"这些经典文学作品中都将"水性扬花"用作贬义。为什么会把轻浮的女子比作"水性杨花"呢?

这个词从什么时候开始产生已经不可考。"水性杨花"是说像流水那样易变,像杨花那样轻飘。在古人眼里,行为不端、作风轻浮的女子性情多变,感情不专一,所以性情行为像水一样流动,像杨花一样飘摇不定,不会从一而终,因此用这个词来比喻妇女作风轻浮,感情不专。

知识链接

"呆若木鸡"原意是神态自若的样子,现在却指人傻乎乎的,为什么会有这样的变化呢?

现在把"呆若木鸡"一词用来形容人不聪明,甚至是傻。其实这个词原来是指神态自若,自信到一定程度。为什么会有这样一百八十度的转弯呢? 这要同古代的斗鸡说起。

春秋战国时代,齐国盛行斗鸡,连齐王也不例外,特别热衷于这项活动。王宫内养了不少斗鸡,齐王为了训练这些鸡,专门派人到纪国去请驯养斗鸡世家的纪渻子。

纪渻子有一套祖传的方法,齐王请他来十天后问,斗鸡训练好没有?

纪渻子禀告说:"还没有。它近期表现为内心空虚而神态高傲,模样盛气凌人。"齐王只得耐性等待。

又过了十天,齐王又派人来询问。纪渻子说眼下斗鸡听到其他鸡的啼声,看到鸡的影子仅只有反应。

又过了一段时间,齐王见斗鸡还没驯成,就把纪渻子抓进宫殿。纪渻子说:"驯养已到关键阶段,斗鸡目前的目光过于敏锐,虽有斗志,但心中充满着傲气和怒气……"

齐王问他,斗鸡现在能不能参战。纪渻子果断地否定说:"不行! 大王就是杀了我,我也不会同意去参战,斗鸡此时参斗,难操胜券。"

鸡头陶罐

齐王万般无奈,只好让他继续驯养。

又过了一段时间,纪渻子向齐王禀告说:"现今斗鸡虽遇挑战者向它鸣叫,仍神色自若,视而无见,毫无反应。看上去像一只木鸡。现在可以去比赛了。"

斗鸡画像石拓本二幅

齐王大喜,他令人把挑战鸡引到斗鸡面前,这些鸡一看见纪渻子驯养的斗鸡望而却步,腿都吓软了,转身便逃。胆大的与它斗不了几个回合,纷纷狼狈逃窜。

后来人们又把"呆若木鸡"引申表示十分愚笨,也形容因为害怕或惊奇发呆的样子,恰恰不是本义,而整个颠倒过来了。

173

86

"天龙八部"指哪八部天龙呢？

"天龙八部"原为佛教用语，后被当代著名作家金庸用作书名。"天龙八部"又称"龙神八部""八部众"，这些名词出于佛经。许多大乘佛经叙述佛向诸菩萨、比丘等说法时，常有天龙八部参与听法。如《法华经·提婆达多品》："天龙八部、人与非人，皆遥见彼龙女成佛。"

"非人"实形貌似人，而实际不是人的众生。天龙八部都是"非人"，包括八种神道怪物，因为"天众"及"龙众"最为重要，所以称为"天龙八部"。八部者：一天众、二龙众、三夜叉、四乾达婆、五阿修罗、六迦楼罗、七紧那罗、八摩呼罗迦。

"天众"，"天"是指"神"，包括著名的护法二十诸天中的大梵天、帝释天、四大天王、韦驮等。在佛教中，天神的地位并非至高无上，只不过比人能享受到更大、更长久的福报而已。

"龙众"中的"龙"，和我国的传说中的"龙王"或"龙"大致差不多，不过没有脚，有的大蟒蛇也称。

"夜叉"是佛经中的一种鬼神，有"夜叉八大将""十六大夜叉将"等名词。"夜叉"本义是能吃鬼的神，又有敏捷、勇健、轻灵、秘密等意思。

"乾达婆"又称为"香神"，是一种不吃酒肉、只寻香气作为滋养的神，是服侍帝释天的专管演唱俗乐的乐神之一，身上发出浓冽的香气。

"阿修罗"这种神道非常特别，男的极丑陋，而女的极美丽。

"迦楼罗"是指"金翅鸟神"。这是一种大鸟，翅有种种庄严宝色，头上有一个大瘤，是如意珠，此鸟鸣声悲苦，以龙为食。

"紧那罗"是歌神，是专门演奏法乐的音乐家。他形状和人一样，但头上生一只角，所以称为"人非人"，善于歌舞，是帝释的乐神。

"摩呼罗迦"是大蟒神，人身而蛇头。

电影《无间道》的主人公在警察和黑社会两面周旋,"无间道"是什么含义呢?

"无间道"(无间地狱)是《法华经》《俱舍论》《玄应音义》等佛经里"avicinaraka"的新译,旧译为"阿鼻地狱",是佛经故事中八大地狱中最苦的一个,也是民间所谓十八层地狱中最抄底的那一层。凡被打入无间地狱(无间道)的,永无解脱希望,要经受五种无间:

第一"时无间",无时无刻不受罪;

第二"空无间",从头到脚都受罪;

第三"罪器无间",各式各样刑具无所不用;

第四"平等无间",用刑不论男女均无照顾;

第五"生死无间",重复死去无数回还得继续用刑。

电影以"无间道"作为片名,显然寓意深刻。两个身份都本不该属于自己的人,他们几乎生活在一个类似无间地狱的环境里,做梦都怕别人拆穿自己的身份。这个世界里,到底什么才是生活的道理、做人的道理,角色的茫然也就是编导对这一问题的深入探讨。进入无间地狱是没有轮回的,只有永远受苦,但片中的两位主角却在寻求轮回,所以用"无间道"来形容他们二人内心的矛盾痛苦,是最恰当不过的了。

87 "六道轮回"是说走回头路吗?"六道"指什么?

在佛教中,"六道"指天道、人道、阿修罗道、畜生道、饿鬼道、地狱道。其中前三道为上三道,是三善道,是比较优良的;后三道为下三道,是三恶道,因其作业较惨重,所以一切沉沦于分段

问吧
六

二祖调心图

生死的众生，其轮回的途径，不出六道。"六道轮回"有两项是有形的，即是"人道"和"畜生道"；另四项是无形的。有形的称为"有器"，无形的称为"无器"。

所谓"轮回"，是描述其情状，去来往复，有如车轮的回旋，在这六道中周而复始，无有不遍，故名六道轮回。

佛教认为，善业是清净法，不善业是染污法。以善恶诸业为因，能招致善恶不同的果报，是为业果。作为业果的表现形式，世俗世界的一切万法，都是依于善恶二业而显现出来的，依业而生，依业流转。所以，众生行善则得善报，行恶则得恶报。而得到了善恶果报的众生，又会在新的生命活动中造作新的身、语、意业，招致新的果报。因此，凡未解脱的一切众生，都会在天道、人道、阿修罗道、畜生、恶鬼道、地狱道中循环往复，这就是佛教所说的轮回。

"六道轮回"都有生苦，老苦，病苦，死苦，怨憎会苦，爱别离苦，所求不得苦，五阴盛苦。这样看来，"六道轮回"可以说苦多于乐，所以佛教说人生是苦海也。

知识链接
佛教从什么时候传入中国的？

佛教与基督教、伊斯兰教并称为世界三大宗教。所谓"佛教"，就是佛的教育，而不是拜佛的宗教。佛教相传是公元前六至前五世纪古印度的迦毗罗卫国(今尼泊尔境内)王子乔达摩·悉达多所创,因父为释迦族,成道后被尊称为释迦牟尼,也就是"释迦族的圣人"的意思。广泛流传于亚洲的许多国家。

佛教正式传来中国是汉朝,在中国已经有一千九百多年历史。魏晋南北朝时代佛教逐渐在民间流传开来,当时佛教很是兴盛,唐代杜牧曾经有诗"南朝四百八十寺,多少楼台烟雨中",来描写南朝时林立的佛寺。另外还有其他的一些印度佛教派别也来到中国的,如禅宗祖师菩提达摩就是这个时期来到中国的。达摩在嵩山少林寺隐居面壁九年的故事在中国广泛流传。

到唐朝,印度的佛教已经发展了几百年了,出现了多种佛教派别。而在中国,佛教已经开始与儒教、道教争夺统治地位了。而《西游记》中的唐僧——玄奘大师,就是在唐代到印度求取真经的。他回国后,唐太宗非常重视,安排了数千人参加玄奘大师的佛经翻译工作。因玄奘大师的弘扬,使印度后期佛教哲学,和大、小乘佛教的经典,在中国得到广泛传播。

以后的各个朝代,佛教都有所发展,成为中国古代思想中非常重要的一个组成部分。

为什么把阴间称作"阴曹地府"?

中国古代认为有阳间和阴间的区别,阴间又被称作"阴曹地府",为什么会有这样的称呼呢?

中国古代的阴阳学说把世界万物都分为两极,如天(阳)、地(阴),男(阳)、女(阴),日(阳)、月(阴)等等,都是相互对立的两极。同时古代有三界之说,就是天上、人间、地狱,认为人是有灵魂的,每个人有三魂七魄。人在死后首先要到阴曹地府去报到,在那里接受阴间的大法官——阎罗王的审判,根据每个人在阳间的表现作出判决,或者成仙,或者转世,或者下地狱。中国古

177

人认为天上有玉皇掌管，西天有佛祖掌管，人间有皇帝掌管，而阴间则是由地藏菩萨和众王主持。

阴曹地府是掌管万物生灵生命的地方，传说中阴曹地府的神职人员分布是这样的：

首先地位最高的天齐仁圣大帝，掌管大地万物生灵；然后是北阴酆都大帝，之后有五方鬼帝。而传说中阴曹地府是由十殿阎罗王所掌控，十殿阎罗王分别是：秦广王、楚江王、宋帝王、仵官王、阎罗王、平等王、泰山王、都市王、卞城王、转轮王。十殿阎王麾下还有：首席判官崔府君、钟馗、黑白无常、牛头马面、孟婆神等。整个阴曹地府就在他们的控制之下！

在这些冥神的上面，还有一位地藏王菩萨。地藏王菩萨可以恩准所有的鬼魂，在阳世虽然曾犯过错，但是如果真诚忏悔、改过，那么则可以免于受刑。

从中可以看出，这是中国传统阴阳学说与西方宗教相混合的产物，反映了古代人们的善恶与轮回思想。

十八层地狱图（局部）

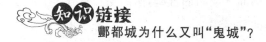

酆都城为什么又叫"鬼城"？

酆都城位于四川东部的长江北岸，已有两千六百多年历史。酆都自古以来有"鬼城""幽都"之称，传说这里是人死后最终要去的地方，要在这里经受审查和转世等等。为什么这里会成为"鬼城"呢？

在酆都城有一座景色优美的平都山，是道教"七十二福地"

中的第四十五福地。根据东汉的《列仙传》和晋朝葛洪的《神仙传》所记载，在汉代，有两个叫王方平和阴长生的人辞官到此修道，最终得道成仙。

随着王方平、阴长生二位仙人的名声越来越大，招引了不少仙人到此来拜访。如传说中的麻姑，就曾来拜访过王方平，可惜没遇上。直到现在还留有她住过的"仙姑岩""麻姑洞"等遗迹。此外，吕洞宾也曾拜访过王方平和阴长生。

后来，"王阴"二仙人被讹传为"阴王"，又误作为"阴间之王"，因此他们居住的地方——酆都，进而成为阎罗王所主宰的阴曹地府了。

东汉末年，五斗米教盛行于四川，而酆都在汉时属于巴郡，是早期道教的重镇之一。五斗米教因糅杂了许多巫术方面的东西而被称为"鬼道"，并将道中的巫师称为"鬼吏"。于是这种神仙人鬼混杂的道教信仰，促成了"鬼城"的形成。因此，原来充满仙气的平都山渐渐地被鬼气所笼罩了，酆都逐渐变成了阳间的阴曹地府。自宋朝以来，人们凭借着自己心中对阴曹地府的想象，在这里陆续修建了许多阴间的建筑，使酆都更显神秘。

后来，又加上《西游记》《钟馗传》等小说的夸张渲染，酆都城是鬼城的说法越来越普遍，大家都把这里当作了名正言顺的"鬼城"。

89 "十恶不赦"的"十恶"都指哪些罪行呢？

对于罪大恶极的人往往用"十恶不赦"来形容，那么"十恶"指哪些罪行呢？这要从我国古代的法律制度说起。

魏晋南北朝时期，历代都进行了法律法典的编纂，而在这些法律法典中，比较有影响的有魏时的《魏律》，北朝时的《齐律》，"十恶"最早也就出现在《齐律》中，当时称为"重罪十条"，而到了

隋唐就正式形成了"十恶不赦"的说法：

一、谋反。指的是以各种手段企图推翻政权的，这历来都被视为十恶之首；

二、谋大逆。指毁坏皇帝的宗庙、陵寝、宫殿的行为；

三、谋叛。指叛国罪。这与谋反有明显的不同，谋叛是叛逃到其他敌对国家；

四、恶逆。指打杀祖父母、父母以及姑、舅、叔等长辈和尊亲；

五、不道。杀不应该处死的三人以上以及肢解人体；

六、大不敬。偷盗皇帝祭祀的器具和皇帝的日常用品，伪造御用药品以及误犯食禁；

七、不孝。指咒骂、控告以及不赡养自己的祖父母、父母。祖、父辈死后隐匿不举哀，丧期嫁娶作乐；

八、不睦。殴打、控告丈夫和大功以上的尊长以及小功尊属；

九、不义。指殴打、杀死长官（一般指州县长官），丈夫死后不举哀并作乐改嫁等；

十、内乱。指与祖父、父亲的妾通奸。

"十恶不赦"自从《齐律》出现这些条款后一直沿用到宋元明清，历朝的统治阶级都把它看成是维护自己统治的重要工具。

知识链接
"六根不净"具体指哪六根？

佛教中把眼、耳、鼻、舌、身、意称为"六根"，也就是生理学上的神经官能，这些都是心与物的媒介的根本，所以称为"六根"。

从"六根"所接触的物件上说，称为"六尘"，也就是物理学上的各类物质。从"六根"接触"六尘"而产生的判别力与记忆力上称"六识"。如果没有"六识"而仅有"六根"与"六尘"，那就不是活人而是死尸，所以，"六识"是"六根"的操纵者，"六根"是"六识"用来接触"六尘"的工具。

因为"六根"是"六识"的工具，作善作恶，固然是出于"六识"

的主张,造成善恶行为的事实,却是在于"六根"的作用。人之流转于生死轮回的苦海之中,就是由于"六根"不曾清净,自从无始以来的一切罪业,均由"六根"所造。

所以,一般的凡夫僧尼,只能在戒律的保护下,勉强守住了"六根",至于"清净"二字,那是谈不上的。一般人的观念,总以为僧尼们只要不犯淫行,不贪非分之财,不介入人我是非,便算是"六根清净"了,事实上,凡是贪逐于物境的受用,总是"六根不净",不论是看的、听的、嗅的、吃的、穿的、玩的、用的,只要有了贪取不舍的情形,就是"六根不净"。

90 和尚、尼姑都剃光头,同样是出家人,道士为什么不剃光头?

"道士"之名源于战国、秦汉时的方士,即有方术之士。道教创立之后,道士则专指从道修行的道教神职教徒。南北朝时代奉道之士增多,对在家修持的人,称为"火居道士",以区别出家道士。

"道士"是男女的通称,道士也称道人、羽士、羽客、羽衣、羽人、黄冠等。隋唐前后,习惯上男称道士、黄冠;女称女冠、女真。后来又分别称男、女道士为乾道和坤道。道士的敬称"道爷"是男女通用的,而没有"道奶奶"。道士相互之间则称道长、道友、道兄等,也是男女通用的,道教以外的人也可以这样称呼他们。学问精深、修炼有成或德高望重的道士可以尊称为先生、真人,一般是朝廷颁赐。道士们自己按修行也有尊号。

道士有出家和不出家的区别,不出家的又称"居士"。金元以前,都是不出家的道士,没有必须出家的道士。金代全真教等创立后,制定了出家制度。道士分全真和正一两大派。全真派道士为出家道士,不结婚,素食,住在道观里。男为道士,女为道姑,皆蓄长发,拢发于头顶挽成髻,可戴冠,男道士蓄胡须。正一

181

派道士可以结婚,吃荤。不出家的正一道士一部分在宫观里活动,也有一部分没有宫观,为散居道士。没有宫观的散居道士,一般情况是平时穿俗装,住在家中。正一道士多为男性,不蓄长发和胡须,发式同俗人相同。他们不穿道装时,看不出是道士。

因为佛教认为头发是"烦恼丝",所以剃光头,而道士则求仙访道,追求升天成仙,没有"烦恼丝"一说,所以不剃光头。

知识链接
"塔"这一建筑形式是怎么产生的?为什么被用来安葬去世的僧人?

"塔"是一种供奉或收藏佛舍利(佛骨)、佛像、佛经、僧人遗体等的高耸型点式建筑,又称"佛塔""宝塔"。这种建筑形式缘起于古代印度,称作"窣堵坡"(梵文音译),是佛教高僧的埋骨建筑。随着佛教在东方的传播,窣堵坡这种建筑形式也在东方广泛扩散,演变成了塔这种极具东方特色的传统建筑形式。在东方文化中,塔的意义不仅仅局限于建筑学层面。塔承载了东方的历史、宗教、美学、哲学等诸多文化元素,是探索和了解东方文明的重要媒介。

随着佛教传入中国,窣堵坡与中土的重楼结合后,经历了唐宋元明清各朝的发展,并与临近区域的建筑体系相互交流融合,逐步形成了楼阁式塔、密檐式塔、亭阁式塔、覆钵式塔、金刚宝座式塔、宝箧印式塔、五轮塔、多宝塔、无缝式塔等多种形态结构各异的塔系,建筑平面从早期的正方形逐渐演变成了六边形、八边形乃至圆形,其间塔的建筑技术也不断进步,结构日趋合理,所使用的材质也从传统的夯

马骀画宝·寺观图

土、木材扩展到了砖石、陶瓷、琉璃、金属等材料。十四世纪以后，塔逐渐从宗教世界走向世俗世界，因此按照经律系统，塔可以分为佛塔和文峰塔。用途也不仅仅是安葬高僧的佛骨或者佛经了。

91

"批八字"究竟是哪"八字"呢？

一般民间算命时常用的一种方法就是"批八字"，是用哪八个字来掐算呢？

相传在黄帝时期，即由天皇氏制干支，伏羲氏作甲历，创建了中国的历法（太阴历）。"八字"是从历法查出的天干地支八个字。古代阴阳五行学者认为，天地之间皆五行；故将天干地支套上五行。人一生的命运就从五行的"冲刑生克合"推敲出来。"八字"表达了人出生时太阳的位置，根据阴阳五行的原理来推算人的性格与这种性格所呈现的人生方向。古代用八字算命主要是分析一个人的五行在命盘的平衡。当五行不平衡时，五行之间的冲克力量较大，因而影响一个人的生活作息，使一些不顺利之事发生。反之，五行较平衡时，诸事也会较顺利。

"八字"也叫"四柱"（年柱、月柱、日柱、时柱），每柱两个字，上为天干（甲、乙、丙、丁、戊、己、庚、辛、壬、癸），下为地支（子、丑、寅、卯、辰、巳、午、未、申、酉、戌、亥），正好八个字，所以称为"八字"。"八字"始于唐朝时期，最初以年柱为主体，以生年干为本命，辅以纳音法推命。唐代的李虚中改以年为主，取年、月、日、时四柱推命。五代的徐子平改以日干为我（日主），查四柱间之五行生克制化、刑冲会合为推命重点，并发扬光大。当今的八字推命，皆以子平法为正宗，故"八字"命学又称为"子平法"或"子平八字学"。

知识链接
"八旗子弟"是哪八旗呢？

八旗制度是清太祖努尔哈赤于明万历二十九年（1601）正式创立，初建时只设四旗：黄旗、白旗、红旗、蓝旗。1614 年将四旗改为正黄、正白、正红、正蓝，并增设镶黄、镶白、镶红、镶蓝四旗，合称八旗，统率满、蒙、汉族军队。规定每三百人为一牛录，设牛录额一人，五牛录为一甲喇（队），设甲喇额真（参领）一人，五甲喇为一固山，设固山额真（都统、旗主）一人，副职一人，称为左右梅勒额真（副都统）。其中正黄、镶黄、正白三旗由皇帝亲自率领，称为上三旗，余下的五旗称为下五旗。

皇太极继位后，为了扩大兵源，在满八旗的基础上又创建了蒙古八旗和汉军八旗，他们的编制与满八旗相同。满、蒙、汉八旗共二十四旗构成了清代八旗制度的整体。清军入关后八旗军又分成了禁旅八旗和驻防八旗。

八旗最初创建时兵民合一，全民皆兵，凡是满洲成员都隶属于满洲八旗之下。旗的组织具有军事、行政和生产等多方面职能。入关前，八旗兵丁平时从事生产劳动，战时就是军人，军械粮草自备。入关以后，建立了八旗常备兵制和兵饷制度，八旗兵从而成了职业兵。

八旗有一套完整的制度，如封爵等，崇德元年（1636）开始确定了亲王、郡王、贝勒、贝子、镇国公、辅国公、镇国将军、辅国将军、奉国将军九等。八旗宗室王公及官兵的婚丧等均有规定。清初规定满汉不通婚，直到光绪二十七年（1901）才取消禁令，实际上民间早已通婚。

随着历史的前进，民族界限早已打破，八旗制度也逐渐走完了它的历程，只能走入史书中去了。

92 "签字画押"是怎么回事?

"签字画押"是在文书、字画、契约上署名或者作标记,古代时称作"押",后来也有称作"签名""签字"的。为什么一定要签字画押呢?这种制度又是从什么时候开始的呢?

在唐朝初年,虽然唐太宗曾下令不许群臣在奏折上以草书署名,但在其他文书上还有用草书署名的。草书形体花哨,被称作"花押"。到了宋代,人们在进呈公文或给别人书牍时,文末大多不署名,仅写上本人的字,称作"押字"或"草字"。

签押字一般都是正字体,上面一横,代表"天",下面一横代表"地",设计时一般遵循此例。文人们流行了花押,老百姓也开始模仿,而出现了民间的"十"字押,在此之前一般用"指"押,就是将签押人的食指按在合约上用笔记下食指指端和下面两个指节的位置(画三个道)。而比较重大的合约,例如买卖人口等则用"掌押"(也称箕斗押),将整个手掌沾满墨迹画押。古代对于犯人的转移关押、流配等,为了防止掉包,要求犯人在交换文件上押拇指押,将大拇指沾上墨迹签押,这个签押方式逐渐由官方转用于百姓,而百姓有的由于忌讳(以前是犯人的专用)则采取了在画押的位置画个圈代表拇指押。

签名或押字对于不识字的人却不好办,所以人们就以画圆圈代之,这就是"画押",或称"画花押"。据说画押的创始人是宋代的王安石。王安石署名的习惯只写"石"字,而且写了一横一撇之后,于撇中腰画一圆圈,由于他性子急,一般画的圈不是很圆,而且非常潦草,因此有人私下里说他所写的是一个"反"字。王安石知道这件事后,就把那个"口"字写成圆圈时多加注意,尽量画得圆一些。后来有人仿效他,但把那一横一撇都省略了,仅剩一个圆圈,这就是"画押"的由来。

185

知识链接
从什么时候开始实行按手印的呢？

自古及今，很多人习惯在契约上按上手印，以此表示诚信并相互约束。按手印在当今社会也仍然在使用，并且具有法律效力。那是从什么时候开始这种方法的？为什么一定要按上手印呢？

因为古人没有笔迹鉴定技术，手（掌）印成了主要的证据来源。1927年德国罗伯特·海因德尔在《指纹鉴定》一书中断定，中国唐代的贾公彦是世界上提出用指纹识别人的第一个学者。其实，早在二千多年前的秦代，我国就有用指纹破案的记录了。在云梦出土秦简中的《封诊式·穴盗》篇中就记载，秦代司法人员已将"手迹"作为破案方法，并对作案现场进行司法检验的一种物证。

解放后发现的唐代许多文书、契约、遗嘱上都有指纹、指节纹或掌纹，以此作为识别的重要手段。此后历朝历代，都沿用在文书上以指模、掌模为鉴的习惯。我国古代军队有《箕斗册》，即登记士兵指纹，以便检查。这表明当时已能对指纹按形态、结构进行正确分类，并将这种分类特征和知识应用于社会实践。

因为每个人的指纹具有唯一性，所以用指纹来代表或识别一个人具有科学性和可操作性，因此按手印的方法一直流传至今。

93 "驴唇不对马嘴"，还会对别的动物的嘴吗？

"驴唇不对马嘴"似乎天经地义，现在大家用这个俗语比喻答非所问或两下不相合。它最早的出处是宋《五灯会元》卷十五："驴唇马嘴夸我解问，十转五转话饶你从朝问到夜。"这里的

"驴唇马嘴"本意是指众人纷纷询问，形容人多嘴杂的意思。后来不知道在什么时期被演化成"驴唇不对马嘴"，用来表示两不相干的事物。

陶驴

其实从生物学角度讲，"驴唇"恰恰是可以对"马嘴"的。因为驴可以和马交配，并能生育，二者交配的产物即骡子。骡子有雌雄之分，但是没有生育的能力，分为驴骡和马骡。公驴可以和母马交配，生下的叫"马骡"，它的食量较大，力量很大，耐力还很强。性情急躁些，但比较通人性。马骡个大，具有驴的负重能力和抵抗能力，有马的灵活性和奔跑能力，是非常好的役畜，但不能生育。如果是公马和母驴交配，生下的叫"驴骡"，也叫駃騠、駃騠、或駏驉。驴骡个小，一般不如马骡好，但有时能生育。驴骡的特点当然是结合了较多驴的优点和一部分马的优点，它不仅耐力很强，力量较大，食量还一般。脾气当然也不错，性情温顺而倔强。

而除了马之外，驴是不会与其他物种交配的。所以"驴唇"对"马嘴"是比较合适的，而除了驴嘴、马嘴之外，"驴唇"不会对其他动物的嘴了。

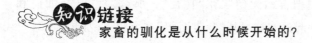

家畜的驯化是从什么时候开始的？

中国古人很早就开始家畜的驯化和饲养了。

早在仰韶文化时期，人们已经过着定居的生活，相对游牧生活，已经是很安定了。村落面积广大，多居住在沿河流两岸的高坡或阶地上。这个时期，农业已成为人们生活资料的主要来源。男子主要从事渔猎和家畜饲养；妇女主要负责采集、制陶和大部分耕作及家务活动，她们在经济生活中起着重大作用，因而有着较为崇高的社会地位。

早在距今六千多年的半坡文化时期，当人们来到半坡后，首先是砍伐树木建造住房，这些住房建造得比较集中，形成一个村落的样子。村边有陶窑、有墓地。当时人们的食物，有植物和动物两大类。主食是粟米，副食有芥菜或白菜一类的蔬菜及猪肉和狗肉等荤菜，还有鹿、獐、竹鼠、鱼、螺蛳等野味。

经古生物学家的研究鉴定，半坡遗址的猪头骨与现代家猪的头骨相似而与野猪的不同，另外还发现这些猪骨绝大部分属于小猪，成年的较少，这种情形大概与人们的食物并不充裕和饲料不足有关。狗的头骨也与狼的头骨有显著差别，无疑是家狗。除猪、狗之外，也发现有牛、羊、马、鸡的残骸，因数量较少，尚难确定是否已成为家畜。

1973年，我国考古工作者在浙江省余姚县河姆渡遗址（距今六千至七千年）发现家猪和家狗的骨骸，还有可能是家养的水牛的骨骸。因此说，我国家畜的驯养当在六千年以前，并且品种也比较多样。

94 "食言"同"食"有关系吗？为什么把"言"给吃了？

通常我们把言而无信叫作"食言"。那么"食"又是如何和"言"联系在一起的？这得从"食言而肥"这个成语说起。

据《左传·哀公二十五年》记载：春秋时，鲁国有个大夫孟武伯，一向是言而无信、说了不做，国君鲁哀公对他非常不满。一次，鲁哀公宴请群臣，孟武伯照例参加，有个名叫郭重的大臣也在座。这个郭重是鲁哀公的宠臣，因为他人长得肥胖，经常遭到孟武伯的讥辱。这次宴会上，孟武伯借着向鲁哀公敬酒的机会，又讥讽郭重说道："你吃了什么东西这样肥胖啊？"鲁哀公听了，心中气恼，便代替郭重回答道："食言多也，能无肥乎！"这个回答表面看似玩笑,但却形象地批评了这位孟武伯惯于说话不算数,许诺的事情从来不兑现的恶行。孟武伯自己当然是心知肚明,登时是面红耳赤,在文武百官面前颜面尽失。于是,"食言而肥"的说法便流传了下来。

《尔雅》中对"食言"是这样解释的:"食,言之伪也。……言而不行,如食之消尽,后终不行,前言为伪,故通称伪言为食言。"这里的"食言"从词性上来讲是名词,泛指一切不兑现的假话空话。而今天我们常常说的"决不食言"里的"食言"则属于动词,和"食言而肥"一样是把说过的话又吞回去,说了不算的意思。

知识链接
"贾人食言"是什么意思?

"贾人食言"讲的是一位商人与一个渔夫之间的小故事:古时候,有位商人在乘船渡河时船突然翻了,商人落入水中,他抓住水中漂浮的水草,大声呼喊:"救命!"附近打鱼的渔夫听见喊声后划船过来救他。船划过来,还没到达商人面前时,商人哀求说:"我是有钱的人,如果救了我,我给你一百两银子,可以救我吗?"渔夫听了后把他救上来并送到岸上,这时,商人却只同意给渔夫十两银子。渔夫不满,追问道:"你原来答应给我一百两银子,现在却只给我十两,这是为什么呢?"商人听后很是生气,说:"像你这样打鱼,捕鱼捕一天才能赚几个钱? 现在你一下子得到十两银子还不满足吗?"

渔夫一声不吭地走了。

又一天,这位吝啬的商人渡河时,船又翻了,那个打鱼的渔夫就在落水的商人旁边,看见后说:"这是那个说给钱而给不够的人。"这一次,渔夫没有搭救商人,自己划船走了。没一会,商人就沉入水中淹死了。

从此,"贾人食言"就被用来指那些说话不守信用、自食其果的人。为什么偏偏是贾人(商人)能做出这样背信弃义的事呢? 这恐怕和中国传统文化中"商人重利""无商不奸"的印象有关吧。

95
"座右铭"和座位有关系吗？

现在大家都拿"座右铭"来鞭策自己，很少有人知道，"座右铭"最初并非是置于座右的铭文，而是一种称为欹器的酒具，并且和春秋五霸之一的齐桓公有关。

它最早的来源是仰韶文化的一种带双系圆锥状的盛水陶器，古人用它从深水中打水。到了春秋战国时期，演变成一种带双耳的青铜容器，两耳放置在支架两边，如果该器物空的时候，它就会呈倾斜状；如果装水合适的时候，它会自动转到正位，其中水不会洒；如果装满水，该器物会倾覆，水便全部洒出来！

春秋五霸之一的齐桓公生前非常喜欢这种欹器，座位右边总是放着一个欹器，用以警戒自己，不要骄傲自满。齐桓公死后，国人为他建造庙堂时也没忘记将此器皿放入庙堂之中供人祭祖。

有一次，孔子率弟子朝拜齐桓公庙堂，见到这种器皿，不知是何物，便问庙中看管香火的人，方知是欹器。孔子知道欹器的来历，便给弟子讲述当年齐桓公置欹器于座右警戒自己的故事，并教育弟子，读书学习也是这样，骄傲自满必然会招来损失。

孔子回去之后，也请人做了一个，放在座右警戒自己。南北朝时，著名科学家祖冲之也曾为齐武帝的儿子萧子良做过一个欹器，非常成功。

可能是后来这种欹器失传了，也可能是后人感到用文字更能准确表达自己的思想，于是，改用铭文代替欹器放在座右了。这便成了名副其实的警戒鞭策自己的"座右铭"了。

中国古代的酒具是从什么时候开始出现的呢？

远古时期的人们，茹毛饮血。火的使用，使人们结束了这种原始的生活方式。农业的兴起，人们不仅有了赖以生存的粮食，随时还可以用谷物作酿酒原料酿酒。陶器的出现，人们开始有了炊具；从炊具开始，又分化出了专门的饮酒器具。究竟最早的专用酒具起源于何时，还很难定论。因为在古代，一器多用应是很普遍的。远古时期的酒，是未经过滤的酒醪（这种酒醪在现在仍很流行），呈糊状和半流质，对于这种酒，就不适于饮用，而是食用。故食用的酒具应是一般的食具，如碗、钵等大口器皿。远古时代的酒器制作材料主要是陶器、角器、竹木制品等。

早在公元六千多年前的新石器文化时期，已出现了形状类似于后世酒器的陶器，如裴李岗文化时期的陶器。南方的河姆渡文化时期的陶器也能使人联想到在商代时期的酒具应有相当久远的历史渊源。酿酒业的发展，饮酒者身份的高贵等原因，使酒具从一般的饮食器具中分化出来成为可能。酒具质量的好坏，往往成为饮酒者身份高低的象征之一。专职的酒具制作者也就应运而生。在现今山东的大汶口文化时期的一个墓穴中，曾出土了大量的酒器（酿酒器具和饮酒器具），据考古人员的分析，死者生前可能是一个专职的酒具制作者。在新石器时期晚期，尤以龙山文化时期为代表，酒器的类型增加，用途明确，与后世的酒器有较大的相似性。这些酒器有：罐、瓮、盂、碗、杯等。酒杯的种类繁多，有：平底杯、圈足杯、高圈足杯、高柄杯、斜壁杯、曲腹杯、觚形杯等。

96

为什么用阴谋整治人，或者利用职权给他人制造困难叫做"给人穿小鞋"？

现在所说的"穿小鞋"多指使用阴谋手段给他人设置困难，

缠足的女性

其实古代的"穿小鞋"，是指古代女子缠足时所穿的小鞋。为什么词义会有这样的变化呢？

这种"小鞋"据说是南唐后主李煜所始创，他做皇帝期间，生活奢侈糜烂，让宫女用很长的白布缠足，把脚缠成又小又尖的弯弯"月牙儿"，站在画有荷花的金莲台上跳舞，让自己观赏享乐，所以这种脚又叫"三寸金莲"。后来全国便兴起了妇女缠足的风气。缠足后，脚小了，当然只能穿小鞋了。后来的一千多年，汉族妇女一直保持着这种缠足陋习。

而这真正的"小鞋"转变成使用阴谋诡计的"小鞋"，据说有这样一个故事：

古时男女婚姻基本上是父母之命、媒妁之言。当媒婆们说媒时，都会提出要女方的鞋样子，为的是向男方证明女子的脚是小的，是缠过的。男方如果同意了这桩婚事，就要按女方提供的鞋样大小，做一双绣花鞋，连同订婚礼品，送到女方家中。结婚时，新娘就穿着这双小鞋来到婆家。这样的绣花鞋自然是合新娘的脚。如果把这双绣花鞋故意做得很小，新娘穿着就会很难受。

相传北宋时，有一个名叫巧玉的姑娘，她的后娘要将她许配给一个又丑又哑的有钱人，巧玉坚决不从。后娘也没有办法，便暗暗想法子整治她。

恰逢有一位媒婆，把巧玉说给一位秀才。巧玉很中意，后母却在背地里剪了一双很小的鞋样子，让媒婆带给男方。男方根据这双鞋样子做了一双小绣鞋。巧玉出嫁那天，这双鞋怎么也

穿不上,害得她上不了花轿。于是巧玉羞愧难当,一气之下便上
吊自尽了。

后来,人们便将这种用阴谋整治人、或者利用职权给他人制
造困难的行为叫做给谁"穿小鞋"。

鞋的历史

自商周时期起,鞋的穿着均有制度。如汉代,祭服穿舄,朝
服穿靴,燕服穿屦,出门则穿屐。至唐代,官民都可穿靴,只是式
样略异,女子流行软底透空锦靿靴。宋元基本沿用唐代的鞋,但
款式品种增多。明代官员着靴或云头履(朝鞋),儒生多穿黑色
双梁鞋,庶民百姓则穿布鞋、蒲草鞋或牛皮直缝靴,缠足妇女穿
以樟木为高底的弓鞋(木底露在鞋帮外边的叫"外高底",木底在

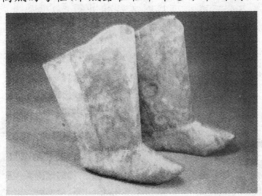

錾花银靴

织成履

193

鞋帮里边的叫"里高底"）。清代，皇帝上朝时穿方头朝靴，官吏公服为黑缎靴，武弁穿快靴（称"爬山虎"），高级官员多穿牙缝靴。鞋头逐渐由方变尖。

在中国，鞋的形象最早见于氏族社会时期的彩陶。

新石器时代中国的先民用草、麻、葛编织成履。鞋的称谓很多，有屦、履、舄等。汉代布帛鞋的鞋头多呈分叉状，底用麻线编织，称之为双尖翘头方履；魏晋时期一般鞋的前端织有双兽纹饰，配色和谐，鞋式优美。宋代男性多穿小头皮鞋，女性所穿鞋多为圆头、平头或翘头，上面也饰各式花鸟图纹。明代男鞋多以厚实为主，质料样式多样，一般北方多穿菱纹绮履，江南多着棕麻鞋；此外，元末明初还流行鞋头高耸，鞋底扁厚的女式布帛鞋。使人显得格外修长。清代男鞋以尖头鞋为主，其材料夏秋用缎，冬则用建绒；有厚底薄底之分，面作单梁或双梁，鞋帮有刺花或鞋头作如意头卷云式。清代的女鞋颇具特色，鞋底多为木质，高一寸至五寸不等，其底形为上宽而下圆，被称之为"马蹄底"，此鞋鞋面常以绸缎所制，上施五彩刺绣，贵族妇女有的在鞋面上还镶嵌各种珠宝。老年妇女则多穿木制平底鞋。

女式翘圆头鞋

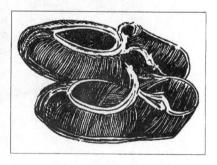

麻鞋

高跟鞋的来历众说纷纭，也有人说高跟鞋源于中国。六朝时已有高跟木屐。满族妇女古时所穿旗鞋，有的跟部中央高达五寸以上。

所以鞋在中国有着相当悠久的历史。

97

为什么把没办好事情叫"砸锅"?

"砸锅"这个词在口语中常常用来指事情进展不顺,结果很糟糕。但是,最早这个词是与戏曲有关。

"砸锅"原本是戏曲里的行话,根据戏曲界常说的"两下锅""三下锅"的说法而来。旧时舞台戏曲表演中时常出现不同剧种的演员共同演一出戏的情况,如果是两个剧种同台演出,就被称为"两下锅",若是三个剧种一起演出,就叫做"三下锅"。虽然是同台表演,但各戏曲行当又都保持自身的特色而不相混杂,还真有点山珍海味一起奉上的味道。白玉霜与赵如泉合演《武松杀嫂》、新凤霞与麒派弟子合演《秦香莲》、豫剧名家马金凤与梅葆玖合演《穆桂英挂帅》,还有杨春霞与蔡正仁合演的京昆《桃花扇》,李宏图与李仙花合演的京汉《蝴蝶梦》等等都是不同剧种共同演出的经典之作。

在中国戏曲发展的过程中,"两下锅"、"三下锅"的表演已经成为不同的戏曲表演形式相互借鉴、相互交流的一种手段。甚至有的戏种相互融合,而逐渐形成了新的艺术表演形式。元杂剧曾经一统天下,在明朝迁都后,大批南人北上,便出现了南曲和杂剧的同台演出。南曲逐渐吸收了北曲的特点,形成了新的昆山腔、弋阳腔。而杂剧则渐渐退出了历史的舞台。就连国宝京剧也是汉剧与徽剧"两下锅"结合的产物。

由此,由"两下锅"等术语派生出"钻锅""砸锅"等戏曲行话来。"钻锅"是指京剧演员临时去演别的角色。而一出戏没演好,观众中途退场的情况就被叫作"砸锅"了。今天,"砸锅"的词义继续扩大,成了事情办糟了、做不下去的泛指,已经和戏曲没什么关系了。

现在把事情没办好、惹上麻烦称为"坐蜡",这是怎么来的呢?

"坐蜡"在汉语词典中又被写为"坐腊",通常指遇到为难的事或陷入尴尬境地。在北方口语中较为常用。例如:老舍先生的《龙须沟》的第一幕里"我说今儿个不又得坐蜡不是?"《红旗谱》中也有"咱是朋友嘛,我能叫你坐腊?我有了灾难,你能抄着手儿看着"的对白。

其实"坐蜡"一词最早与佛教中的"坐夏"有关。唐玄奘的《大唐西域记·印度总述》里记载:"(印度)僧徒依佛圣教坐雨安居……前代译经律者,或云坐夏,或云坐腊。"这里提到的"坐夏"是指佛教僧人每年定期的诵经活动。根据佛家的戒律,每月望晦日即农历十五和三十,众僧人应齐集一处,诵读《戒本》,而且每人都要对照进行自我反省。如有违犯清规戒律之处,则要按情节轻重依法忏悔。一年之中,农历四月十五至农历七月十五的这个期间内,僧人们须定居三个月,潜心修行,自省自律接受批评。经过这样的修炼之后,受戒的年头才算增长一岁,也叫"一腊"。因为腊月在农历中为最末,过了腊月即是新的一年,所以佛教中就用"一腊"来表示受戒的"一岁"的意思。由此,这种"坐夏"活动就又叫"坐腊"了。

后来,"坐腊"这个词逐渐由佛教用语转入口语当中,词义也由原来的"受戒自省"转变成了"为难、受困",甚至在我国潮汕地区,妇女产后坐月子的第一个星期,产房内不许透风的这段日子也被称为"坐腊"。

98 "马桶"这个词是怎么产生的?它与"马"有什么联系吗?

在中国,最早的关于"马桶"的详细文字记载是北宋时期欧阳修的《归田录二》中的"木马子"。由此可见,"马桶"一词,并不是什么外来语,而是古已有之。那么"马桶"这个词是怎么产生的? 它与"马"有什么联系呢?

学名"座便器"的马桶,古时候最初被叫作"虎子"。这个名字的由来与一个传说有关:相传西汉时"飞将军"李广能骑善射,在射死卧虎后,命人铸成虎形的器具盛装小便,以此来表示对猛兽的蔑视,久而久之,这种专门盛装便溺之物的器具就被称为"虎子"了。《西京杂记》上就有关于这种"马桶"的记载,汉朝宫廷用玉制成"虎子",由皇帝的侍从人员拿着,以备皇上随时方便。这种"虎子",就是后人称作便器、便壶的专门用具,也是马桶的前身。可是到了唐朝时,因为皇族的先人中有叫"李虎"的,于是为了避讳,便将这大不敬的名词改为"兽子"或"马子",再往后俗称"马桶"了。

中国古代使用的马桶多是木制的,是一种带盖的圆形木桶,用桐油或上好的防水朱漆加以涂抹。王公贵族使用的马桶,为了显示身份,材料则高级得多,有铜制的,瓷制的,甚至还有黄金制成的。到了当代,才发展成主要以陶瓷为原料的马桶了。至于抽水马桶,则是科技进步的产物,在1596年由英国人哈林顿发明。

知识链接
中国最早的厕所产生在什么时候?

厕所人人熟知,科学定义是泛指由人类建造专供人类(或其他特指生物,如家畜)进行生理排泄和放置(处理)排泄物的地方。人类使用的厕所大多有男厕女厕之分,随着科技的发展,男女共用的厕所也问世了。厕所的名称有很多,有的地方叫窖,有的地方叫茅房,文雅一点的地方叫洗手间。厕所也有外文名字,有叫 WC,有叫 men'room 的。上厕所也有很多种叫法,古代叫更衣,后来叫解手,现代叫方便,叫如厕,叫出恭,上洗手间。粗俗的叫大便小便,文雅的叫洗手。西方人把上厕所说成是摘花,日本男人在野外方便叫打猎。

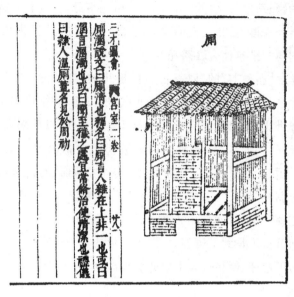

三才图会·厕所

　　那么中国古代的厕所最早在什么时候产生呢？据《周礼》记载,我国早在三千多年以前就在路边道旁建有厕所。在《说文字释》中诠释"厕"字时说:"厕,言人杂在上,非一也……言至秽之处宜常修治,使洁清也。"可见厕所的设置完全是为人所方便,保持环境清洁卫生。厕所古称"涸藩"或称"圊""轩";又因古时农家厕所只用茅草遮蔽,故称为"茅厕"。古人管上厕所叫"如厕",又名"出恭"。

　　上厕所本来是很普通的一件事,但也有很奢侈的。《晋书·王敦传》记载:"石崇以奢系于物,厕上常有十余婢侍列,皆有容色,置甲煎粉沉香汁。有如厕者,皆易新衣而出。"从这条史料来看,石崇家里的厕所确实豪华异常。1903年,慈禧太后以谒见西陵为名,去监督新造的芦汉铁路。芦汉督办盛宣怀是个马屁精,特地准备一辆花车,车内床侧有一扇小门,门内有一个马桶,被称作"如意桶"。桶底放上黄沙,上面注水银,粪便落入水银中,无迹无味。外面用宫饰绒缎装点成绣墩模样,可谓奢侈之极。

为什么把说话较劲儿叫"抬杠"？

"抬杠"在口语中经常使用，这个词最早还真是同抬"杠子"有关，这是怎么回事呢？

"抬杠"是一种借着机伶巧诈的嘴上功夫指责别人，而同时也闪避别人指责的文化习惯。中国大陆的北方，很早就残存着一种习俗，那就是所谓的"抬杠会"——每年正月十五元宵佳节，人们除了逛花灯、吃元宵、猜灯谜之外，还要参加热闹的"抬杠会"。会上，由身强力壮的人抬着竹杠，上面有轿子，轿上坐着一个奇装异服、口齿伶俐的人物。他就是"抬杠会"的主角。他们抬着竹杠和轿子在人群里穿梭，轿上的人就和周围的人进行辩论，比赛斗嘴，甚至对骂。

"抬杠会"上的两人的语言对抗逐渐演化，人们就常常把说话时双方的对抗较劲儿叫做"抬杠"。这种"抬杠会"在满族进入中原后，成了中国人"抬杠"的起源。而这种"抬杠"当然不限于清朝的时代，而是被今日的台湾所继承，并发扬光大，成了"台湾口水"里最主要的成分。

其实"抬杠"也并非中国的专利。有很长的一段时间，无论古希腊、古代欧洲，甚至非洲和伊斯兰化之前的阿拉伯世界，语言的挑衅、对骂、诅咒等，都曾是战争行为的一部分。两军对垒，必然在开打前先来一阵叫骂斗嘴，比气势、比凶恶，这最早的"抬杠"也具有很实际的应用。

而这种战争行为的嘴巴功夫，后来开始以一种文明残迹的方式，变成仪式性的"抬杠"或"斗嘴"，甚至还被转化成俗民生活艺术里以耍嘴皮子为乐的活动，如中国的相声、日本的"落语"（单口相声）、"漫才"（两人相声），以及西方各种型态的"抬杠"（Flyting、Fliting、Dozens、Logomachy），等等。

所以说，"抬杠"并不全是浪费口水，要是能"抬"出点水平来，也未尝不可。

"相声"是从什么时候产生的？又为何名为"相声"呢？

偃师出土宋副净副末学禽鸣像

"相声是门语言艺术，讲究说、学、逗、唱"——这是相声表演者常用的开场白，大家可以说是耳熟能详。但究竟相声这门艺术是怎么产生的呢？又为何名为"相声"呢？

对于相声的起源，说法不尽相同。著名的相声大师侯宝林先生在《相声溯源》一书中曾指出"相声是旧社会里'生'，新社会里'长'的艺术形式，其可证之史很短，但可溯之源却很长"。它经历了"像声——象声——相声"的发展过程。早期的相声曾经叫过"像声"或"象声"，实际上是一种口技。康熙年间李声振《百戏竹枝词》里有《口技》一首，作者的注解为："（口技）俗名'象声'。以青绫围，隐身其中，以口作多人嘈杂，或象百物声，无不逼真，亦一绝也。"乾隆年间翟颢辑的《通俗篇》里"相声"条下按语说："今有相声技，以一人做十余人捷辩，而音不少杂，亦其类也。"直到光绪年间，《燕京岁时记》里还记载有："像声，即口技，能学百鸟音，并能作南腔北调，嬉笑怒骂，以一人而兼之，听之历历也。"由此可见，清代以来的"像声"或"象声"主要是以摹拟声音情态为特长的口技，有别于今天以幽默讽刺为特长的相声艺术，只是使用了"相声"这个词而已。

今天的相声艺术不仅受到以口技为内容的"象声"的影响，

其风趣幽默的表演形式还与中国古代不同时期的滑稽表演有着千丝万缕的联系。古时宫廷里的"俳优"表演即是利用风趣幽默的语言,于嬉笑怒骂间针砭时弊的娱乐节目。随着时代的发展,相声艺术也随之演变,它借鉴吸收了魏晋时期的"笑语"、唐代的"参军戏"以及宋代的"滑稽表演"等成分。目前关于相声并非口技的记载比较早的是1908年出版的英敛之《也是集续篇》,在这里称相声演员为"滑稽传中特别人才"。

清朝同治年间,相声艺术在北京得到长足的发展,并规定用北京方言表演。相声逐渐成为人们喜闻乐见的中国曲艺艺术形式。它以幽默对答、滑稽表演引起观众发笑,达到喜剧效果。

相声表演方式分单口、对口、群活三种。一段相声,由"垫话儿""瓢把儿""活""底"几个部分组成。"抖包袱"是相声中较常用的艺术表现手法。通常是演员们将生活中积累的笑料当作"包袱"的内容,经过前期的层层铺垫将"包袱"系好,等时机成熟之时,蓦然抖响"包袱",制造令人捧腹的效果。

100 "马后炮"的词义最初就是消极的吗?

"马后炮"是象棋术语,常被用来形容事后采取措施,行动迟缓的行为。在元代《隔江斗智》第三折中就有"今日军师升帐,大哥须要计较此事,不要做了马后炮,弄的迟了"的说法。不过,最初"马后炮"的词义并不消极,它指的只是在象棋的对阵中,炮位于马之后,隔山将杀的一种招式而已。说起它的词义色彩,甚至偏向积极,因为古时候下象棋时,"马后炮"常常是克敌制胜的法宝。

古代的象棋与现代的象棋不完全一样。据明代胡文焕的《事物纪原》所载:"象棋乃周武帝所造,有日月星辰之象,与今象棋不同。"究竟哪里不同,并没有进行详细的描述。到了宋代,司

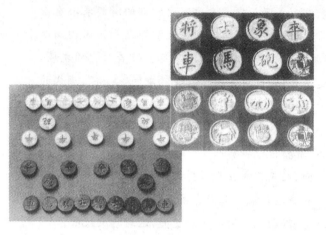

北宋墓出土的象棋子

马光的《古局象棋图》对古代象棋棋子的设置、行动规则及对阵方式进行了比较详细的介绍。书中记载：此图以战国七雄并峙之局，列为象戏。七国各有一主将、一偏将、一裨将、一行人、一炮、一弓、一弩、二刀、四剑、四骑。这就是说，一盘棋分七个部分，代表七国，下棋的人可以七个，也可以六个、五个、四个、三个，采取合纵连横的方法夺取胜利。从中我们不难看出，每一方均拥有十七个棋子，其中有四个马，比现代象棋多两个，但却只有一个炮。这个炮的行动规律与现在象棋中的炮几乎一致："一炮，直行无远近，前隔一棋乃可击物；前无所隔，及隔两棋以上，则不可击。"至于马的行动规律，图中说明："四骑，曲行四路，谓直一斜三。"不难设想，有四个马，可以曲行四路，那么，尽管只有

一个炮，而马后炮的出现机会一定要比今日的象棋中更多一些。由此可以肯定，古时候下象棋"马后炮"是比较常用的招数。这时只要马跟对方的将隔一格，用以控制将的移动，炮借马当架子"将军"，如果对方没有棋

清代象牙象棋棋子与盒子

子可垫往往形成将杀。可见,"马后炮"是致对手于死地的很厉害的一招,词义并不消极。

知识链接

"气数已尽"的"气数"指什么? 它的最初含义是什么?

"气数"最初源自围棋术语,用以计算一块或几块棋的气的数目。双方棋子互围对杀,此时各方棋子所具有的气数将决定对杀的最终结果。根据各方"气数"的多少,分为"气长"(气数多)、"气短"(气数少)或"气数相等"。按气所处部位不同,又可分为外气、内气与公气等。

举个例子:如果黑方四子与白方五子形成对杀,黑子与白子中间共有三个空点,这是双方共有的气数,即双方各有三口公气;白方五子外围有三个空点,即白有三口外气;黑方四子外围有二个空位,即黑有两口外气。

其实这个"气数"也是从中国传统哲学中来的。"气数"是中国传统思想史上最为重视的"气运"中一部分。所谓"气运"就是指气数和命运。这个"气"字在中国文化中运用得极为广泛和玄妙,我们将天空的变化叫天气、地穴中的能量叫地气,将人际关系叫人气,以气来命名的更是繁多:气功、气候、气场、气度、气派、气氛、气息、气愤、气量、气馁、气色、气魄、气质、气度等等,究竟什么是"气"呢?

华夏文化思想中的"气",至少包涵着两个关系到整个宇宙万物的定义。首先是极其的微小,其次是运动的。气是能动的,不停止的运动,通过聚、合、分、散的变化,将极其细微相似的气,转化成世界万物。宇宙间万物的极其细微相似的气,不断地活动,不断地聚合分散。聚而合使气形成各种可以看见的形象及生命,分而散则使形象和生命灭化了;聚而合开启了宇宙万物的万象世界,分而散如同大门关闭,一团漆黑,一片混沌。所以气数是一种变化,同时也是一种必然。这种变化,从极其细微之中开始,并非一时间产生的,但是等到某一阶段,渐渐出现明显的

203

问吧
六

症状。

因此气数尽了,事物也就散了,所以后世逐渐将王朝的兴衰与气数结合了起来。

101 "胡同"这个词怎么成了街巷的名字?

"胡同"一般是指比较狭小的巷子、街道。说起它的来历,要追溯到我国的元代。

十三世纪初,成吉思汗率领蒙古兵占领了金的都城中都,焚毁了中都城内的宫殿楼宇,然后重新兴建元朝的都城,称作大都(就是现在的北京城)。大都城内分五十个居民区,称作坊,坊与坊之间为连接的就是平直而宽度不等的街道胡同。以当时的标准划分,二十四步宽的路是大街,十二步宽的路是小街,只有六步宽的路就是胡同了。到了明清时期,道路宽度的规定已经不再那么严格了,但多数胡同都比较狭窄。

据考证,"胡同"一词是蒙古人的方言。明人沈榜在《宛署杂记》中曾说过:"胡同本元人语。"而且,在元杂剧作品中,"胡同"一词也时有出现。如关汉卿《单刀会》中就有"杀出一条血胡同来"的说法;元杂剧《沙门岛张生煮海》中,张羽问梅香:"你家住哪里?"梅香说:"我家住砖塔儿胡同。"这个砖塔儿胡同就位于北京西四南大街,地名至今未变。

胡同原本的发音是"忽洞格",是蒙古语"水井"的意思。古时候,挖井取水是居民生活的最主要方式,所以居民聚居的地方必然离不开水井。从元大都的整体建设规划上,也看得出街巷与水井的密切联系:皇室宫殿都是依水而建,其他的街、坊和居住区,都是先挖井后造屋,在设计和规划的时候,早早就预留出水井的位置。直到明清时期,还是每条胡同都不离井。

随着时代的发展变迁,胡同旁的水井逐渐没有了,而胡同作为街巷的名字却永远保留了下来。至今,在北京五花八门的胡同名称中,以井命名的数量依然很多,如前井、后井、甘井、双井、大甜水井、大井、小井、二眼井、三眼井等等。

　　胡同在中国北方比较普遍,尤其北京城的胡同最为典型。元朝建都时,全城街巷胡同总计有四百余条。明灭元后,在元大都基础上重建都城,称为北京。街巷胡同增至一千一百多条。清朝建都后,沿用北京旧城,改称京师。内城街巷胡同增至一千四百多条,加上外城六百多条,共计二千余条。新中国成立后,城市建设迅猛发展,街巷胡同最多时有六千多条。近年来,虽然北京的高楼大厦越来越多,但一些特色胡同仍作为京味文化的一部分被保存下来。

知识链接
北京胡同的名称

　　北京的胡同从元朝建都开始,已经有八百年的历史了。它的名字多数都是当地居民根据胡同的某些特征而起的,大家口口相传,延用至今。这五花八门的名字既彰显了北京人特有的幽默直爽,也蕴含了老北京人丰富的生活故事。

　　以胡同形状命名是最直接也最容易被接受的一种,较宽的胡同,人们顺嘴就叫成了"宽街儿"、窄的就叫"夹道儿"、斜的就叫"斜街"、曲折的叫"八道湾儿"、低洼的有"下洼子"、细长的叫"竹杆儿"、扁长的称"扁担"、一头细一头粗的叫"小喇叭",其他像特别窄的叫耳朵眼胡同,特别特别窄的叫针尖胡同。什刹海附近的烟袋斜街就因形状像个旱烟袋而得名。现在小胡同里卖烟袋的小店二十余家,可谓名副其实了。

　　很多胡同名是由蒙古语谐音而来的,所以现在听起来格外有趣。像屎壳郎胡同,现代人听起来觉得不雅,但这个名字译成蒙古语是"甜水井"!朝内有个"墨河胡同",蒙古语的意思是"有味儿的井",大概是那口井被污染过吧。此外,如鼓哨胡同(或写做箍筲胡同),是指苦水井;菊儿胡同或局儿胡同,意思是双井;碾儿胡同或辇儿胡同,指的是细井;巴儿胡同,是小井;马良胡同

北京的胡同

或蚂螂胡同，专供牲畜饮水的井……

在北京带"井"字的胡同街巷里，最有知名度的当然要数王府井。王府井因街旁有王府和水井而得名。王府井的水井在什么位置，过去说法不一。1998 年对王府井进行全面改造施工时，在靠近东安门大街处发现一口水井，与清代《乾隆京城全图》中标注的井的位置完全一致。为保护这口古老的甜水井，特在井口装制了一个铜质的龙饰井盖，上面雕刻了一段文字，称此井在 20 世纪 20 年代被埋没。此街地处东城区黄金地带，由于地理位置和商业条件优越，这里很快成为北京市内大型商业中心，声名远播。如今，王府井已成为北京最负盛名的商业大道，享有"金街"的美誉。